백수정 지음
Sujeong Baek

그들은 왜 북으로 갔을까

WHY DID THEY GO NORTH?

The Hidden Story of Zainichi Koreans' Repatriation to North Korea

재일동포 북송의 숨겨진 이야기

도서출판 물망초

그들은 왜 북으로 갔을까

재일동포 북송의 숨겨진 이야기

발행일 초판 1쇄 2025년 12월 14일

지은이 백수정
번 역 양다연
번역감수 박성진
발행인 구충서
디자인 박정미
마케팅 김요나

발행처 도서출판 물망초
출판등록 2014년 10월 21일 제2013-000195호
주소 서울 영등포구 버드나루로 32, 동연빌딩 2층
대표전화 (02)585-9963
전자우편 mulmangcho522@hanmail.net
홈페이지 www.mulmangcho.org

ISBN 979-11-87726-30-2 03910

그들은 왜 북으로 갔을까

재일동포 북송의 숨겨진 이야기

백수정

머리말

책을 시작하며, 먼저 솔직한 고백을 하나 하고 싶습니다. 고등학교를 졸업하고 일본으로 유학을 떠나기 전까지, 저는 '재일동포 북송사업'[1]이라는 말조차 들어본 적이 없었습니다.

일본에서의 생활은 조선총연합회(조총련)[2]와 조선학교라는 존재를 자연스럽게 알려주었고, 남북이 나뉘어 있는 현실을 더 생생하게 느끼게 했습니다. 하지만 재외한국학교에서 초등 교사로 일하면서도, 남북 문제에 대해 학생들과 이야기하는 일은 늘 조심스러웠습니다. 다양한 배경을 가진 아이들 앞에서 북한 이야기가 나올 때면, 어떻게 설명해야 할지 망설이기 일쑤였습니다. 일본 사회 속에서 피부로 느끼는 분단 현실은 신발 속 작은 돌멩이처럼, 무시하기엔 늘 불편하고 거슬리는 존재였습니다.

그러던 어느 날, 지인의 친지 이야기를 듣게 되었습니다. 그분의 아버

---

1 관계국과 당사자를 중심으로 다양한 표현이 있다. 일본에서는 "북조선귀국사업(北朝鮮帰国事業), 귀국사업(帰国事業), 북조선귀환사업(北朝鮮帰還事業), 귀환사업(帰還事業)"의 표현을 사용한다. 한국에서는 "재일교포 북송, 재일조선인 북송사업"이란 표현이 사용된다.

2 재일본조선인총연합회(약칭:조총련)는 북한을 지지하며, 북한과의 외교창구 역할도 수행해 온 재일동포를 대표하는 단체로, 1955년에 설립되었다. 교육, 언론, 상공회 등 다양한 분야에서 조직망을 갖추고 있으며, 조선학교 운영 등을 통해 재일 동포의 정체성과 민족 교육을 강조해 왔다.

지와 형제들이 북송되었고, 한동안은 편지를 주고받으며 돈과 물건을 보내기도 했다고 합니다. 하지만 아버지가 세상을 떠난 뒤로는 남은 형제 들과의 연락도 끊기고 말았다는 이야기를 들으며, 북송사업이 단순한 과거의 사건이 아니라 지금도 누군가에게는 끝나지 않은 현실이라는 사실을 새삼 실감하게 되었습니다.

기자로 활동하며 본격적으로 이 문제에 다가서게 되었습니다. 그 과정에서 저는 일본에서 '귀국사업(帰国事業)'이라는 이름으로 9만 명이 넘는 재일동포들이 북한으로 떠났다는 사실을 알게 되었습니다. 그들은 대부분 조총련을 통해 귀국을 신청했고, 일본 정부와 북한, 일본 적십자사까지 함께 참여한 전례 없는 대규모 인도주의 사업으로 소개되었습니다. 하지만 그 안에는 국가 간의 전략, 체제 선전, 인권 침해라는 복잡한 그림자가 드리워져 있었습니다.

'재일동포 북송사업'은 1959년부터 1984년까지 북한과 일본 적십자사, 조총련, 그리고 일본 정부가 협력하여 추진한 사업이었습니다. 그 결과, 귀국자와 그 가족을 포함한 인원은 무려 9만 3,340명에 달했습니다.

북한의 인권 상황이 심각하다는 사실이 널리 알려진 지금, 왜 그렇게 많은 사람들이 북한으로 향했는지, 이 사업이 어떻게 시작되어 전개되었는지에 대한 의문이 자연스럽게 생겼습니다. 그 궁금증을 풀기 위해 다양한 문헌과 자료를 찾아 읽기 시작했습니다. 그러면서 이 '북송사업'이 단순한 과거의 사건이 아니라, 북한의 핵·미사일 문제, 한국인 및 일본인 납치 문제만큼이나 중요한 현대사 속 인권 문제라는 사실을 알게 되었습니다.

또한 오사카에는 북송되었다가 탈북해 다시 돌아온 동포들이 조용히 모여 살아가는 지역이 있습니다. 저는 그곳을 직접 찾지는 못했지만, 그분들이 여전히 북한에서 겪은 트라우마와 경제적 어려움, 언어 장벽 속에서 살아간다는 이야기를 들으며, 이 문제는 결코 끝난 과거가 아니라 지금도 이어지고 있는 현실이라는 사실을 절감하게 되었습니다.

최근에는 북송사업의 피해자들이 일본 법원에 손해배상 소송을 제기하기도 했습니다. 2023년, 북한으로 건너갔다가 탈북해 돌아온 동포들이 북한 정부를 상대로 소송을 냈고, 일본 도쿄고등재판소는 "북한의 허위 선전과 출국 제한은 지금도 계속되는 불법행위" 라고 판단했습니다. 북송사업이 아직도 법정에서 다뤄지고 있다는 사실은, 이 일이 여전히 '과거'로만 남을 수 없는 문제임을 보여주었습니다.

이 책은 재일동포 사회의 형성과정부터 북송사업의 전개, 그리고 그 이후의 상황까지의 흐름을 시간 순으로 따라가며 정리하고자 했습니다. 각 장에서는 주요 사건들과 그 배경을 함께 설명하여, 독자 여러분께서 북송사업의 전체적인 맥락을 이해하실 수 있도록 구성했습니다. 특히 해방 이후 북송사업이 전개되기까지의 과정은 남북 분단의 배경과 그로 인한 아픔이 가장 두드러지게 나타나는 시기로, 이 부분에 가장 많은 분량을 할애했습니다.

이 책은 학술적 연구서가 아닙니다. 제가 공부하며 읽은 여러 자료들을 바탕으로 발췌하고 요약해 엮은, 다소 개인적인 기록입니다. 하지만 이 개인적인 탐구가 더 많은 분들에게 북송사업이라는 아직도 잘 알려지지 않은 역사를 알리는 계기가 되기를 간절히 바랍니다.

책에서 다룬 자료들은 대부분 일본 내에서 접근 가능한 공개 자료들입니다. 따라서 정보에 한계가 있을 수 있으며, 혹시 사실 관계에 오류가 있다면 그것 또한 더 깊이 있는 논의로 이어지는 계기가 되기를 바랍니다. 이 책이 그 출발점이 되기를 희망합니다.

북송사업은 결코 과거의 문제로만 끝나지 않았습니다. 오늘날에도 여전히 풀리지 않은 문제들이 남아 있으며, 그것은 분명히 인권 문제입니다. 그 긴 여정 속에서 많은 이들이 겪어야 했던 고통과 희생을, 우리는 잊지 말아야 합니다.

끝으로, 이 책이 세상에 나올 수 있도록 큰 도움을 주신 분들께 감사의 마음을 전합니다. 무엇보다 이 책의 출간을 가능하게 해주신 사단법인 물망초 박선영 전 이사장님과 차동길 이사장님께 깊은 감사를 드립니다. 기획과 편집 전반에 걸쳐 아낌없이 조언해주신 덕분에 이 책이 완성될 수 있었습니다. 그리고 언제나 저를 믿고 응원해준 가족과 친구들에게도 진심으로 고맙습니다. 여러분의 격려가 제게 큰 힘이 되었습니다.

2025년 5월
오사카에서,
백수정

목 차

제3장 한국전쟁과 재일동포

제4장 재일동포의 귀국운동(1953년~1955년)

제5장 조선총련과 북송운동(1955년~1958년)

제6장 북송운동의 대규모화

제7장 북송사업 전개

제8장 일본인 처 문제와 탈북 재일동포

제1장

일본 내 재일동포[1] 사회 형성

한국이 해방되기 전인 1945년까지, 일본에 거주하던 조선인의 수는 약 200만 명에 달했습니다. 이 장에서는 그러한 재일동포 사회가 어떻게 형성되었는지를 시간 순으로 간략히 정리하고자 합니다.

재일동포 사회는 19세기 후반, 조선과 일본 사이의 조약 체결을 계기로 시작된 이동에서부터 일제강점기를 거치며 점점 그 규모가 커졌습니다. 초기에는 생계를 위한 자발적 이주가 중심이었지만, 이후 일본 제국의 전쟁 수행과 산업 확장을 위해 조선인들이 강제적으로 동원되며 대규모 이주가 이루어졌습니다.

이 책은 북송 사업을 중심 주제로 하고 있기 때문에, 재일동포 사회 형성의 세부적 활동이나 정치사적 흐름보다는 그 역사적 배경을 간단히 짚고 넘어가려 합니다. 이러한 흐름을 이해하는 것이, 훗날 왜 그렇게 많은 재일동포들이 북한으로 향하게 되었는지를 이해하는 데 도움이 될 것입니다.

1 재일동포(在日同胞)는 한국 국적을 가진 사람뿐만 아니라 일본에서 태어난 후손과 장기간 거주한 이들을 표현하는데도 사용할 것이며, 해방 전 일본으로 이주한 사람들에 대해서는 '재일조선인'이란 표현을 적절하게 사용할 것이다.

1. 조선인의 초기 이주(1883년~1910년)

일본은 메이지유신[2] 이후 서구의 제도를 적극적으로 도입하며 급격한 산업화와 근대화를 추진하였습니다. 이 과정에서 노동력 수요가 급증하였고, 조선과의 교류도 점차 활발해졌습니다.

1876년 체결된 조일수호조규(강화도조약)[3]는 조선이 일본에 문호를 개방하게 된 결정적 계기가 되었으며, 조선과 일본 사이에 본격적인 외교 및 무역 관계가 시작되는 전환점이 되었습니다. 이 조약을 통해 일본은 부산, 원산, 인천 등의 항구를 조선으로부터 개방 받았고, 이를 발판 삼아 일본 상인과 기업들은 조선에서 활동을 본격화하게 됩니다. 이에 따라 일본으로 건너가는 조선인들도 조금씩 늘어나기 시작하였습니다.

이 시기 일본으로 이주한 조선인들은 다양한 목적을 가지고 있었습니다. 일본과의 외교 관계 수립을 위한 외교관, 일본 정부나 조선 정부가 파견한 관비유학생과 가족들, 정치적 박해를 피해 망명한 인사, 무역 활성화에 따라 활동하던 상인들, 그리고 일본 기업에 고용된 노동자[4]들이 주요 구성원이었습니다.

---

2 메이지유신(明治維新)은 1868년 일본에서 시작된 정치·사회·경제 전반의 근대화 개혁이다. 에도막부를 무너뜨리고 천황 중심의 중앙집권 국가를 수립했으며, 서양식 군대, 교육, 산업 제도를 도입해 일본을 근대 국가로 탈바꿈시켰다.

3 강화도 조약은 1876년 조선과 일본이 맺은 최초의 근대적 불평등 조약이다. 일본이 군함을 동원해 조선을 압박한 끝에 체결되었으며, 조선을 자주국으로 명시하고 부산 등 3개 항구를 개항하게 했다. 이 조약으로 일본은 치외법권과 무역 특혜를 얻었고, 조선은 본격적인 외세 침탈의 길에 들어서게 되었다.

4 1890년대 후반에 규슈 지역의 광산에 집단 고용이 있었다. 러일전쟁(1904-1905)로 인한 석탄시장의

1883년 인천항이 개항하던 해에 일본에 거주하던 조선인은 16명에 불과했으며, 1897년에는 155명, 이 숫자는 점차 늘어나 1909년에는 790명에 이르렀습니다. 당시는 아직 소규모 이주에 불과했지만, 향후 본격적인 이동의 시작점이었다고 볼 수 있습니다.

2. 일제강점기 조선인 이주 확대(1910년~1945년)

1910년 한일병합[5] 이후 조선은 일본의 식민지가 되었고, 이 시기를 전후하여 조선인들의 일본 이주는 급격히 확대되었습니다. 그 배경에는 크게 두 가지 요인이 있었습니다. 하나는 일본의 전쟁 수행과 산업 확장을 위한 강제 동원[6], 또 하나는 조선 내 심화된 경제적 빈곤과 구조적 차별입니다.[7] 특히 제2차 세계대전 시기에는 조선인 노동자들이 일본의 공장, 광산, 철도 등지에 강제로 동원되었습니다.

1939년, 일본 정부는 국민징용령[8]을 발표하였습니다. 이 법령은 일본

호황으로 일본의 노동력 부족은 심각한 문제였다.

5 1910년 8월 22일, 조선총리대신 이완용과 일본 통감 데라우치 마사타케가 체결한 '한일병합조약'(韓日併合條約)에 따라 조선은 일본에 완전히 편입되었고, 국권을 상실했다.

6 일본정부는 일반노무, 기술노무, 군인, 군요원(군속), 종군위안부를 목적으로 조선인 노동자를 강제로 동원하였다.

7 19세기 후반의 조선은 정치적, 경제적으로 혼란스러웠다. 동학농민운동(1894) 등 민중 저항이 일어났고, 이를 진압하기 위해 조선 정부는 청나라에 군대를 요청했으며, 이 틈을 타 일본도 개입했다. 한일병합은 일본이 조선을 식민지로 삼기 위해 단계적으로 추진한 외교, 군사 전략의 결과이다.

8 정식 명칭은 "국민징용령(国民徵用令) 국령 제451호"이며, 1939년 7월 1일부터 시행되었다. 정부 명령에 따른 동원이었으므로, 불응 시 처벌 조항도 있었다.

〈표 1〉 재일 조선인 인구(1882~1909년)

년	인원	년	인원
1882	4	1896	19
1883	16	1897	155
1884	1	1898	71
1885	1	1899	188
1886	0	1900	196
1887	6	1901	355
1888	7	1902	236
1889	8	1903	224
1890	9	1904	233
1891	6	1905	303
1892	5	1906	254
1893	7	1907	459
1894	7	1908	459
1895	12	1909	790

정부가 전시 총동원 체제를 강화하기 위해 일본 국민을 강제로 군수 산업 등 전쟁 관련 노동에 동원하기 위해 만든 법령입니다. 적용 대상이 처음에는 일본 내 남성 국민(16세~40세)이었으나, 후에는 조선인을 포함한 식민지 국민을 대규모로 징용하였고, 그 결과 수많은 조선인들이 일본 본토는 물론 만주, 사할린, 남태평양 등지로 끌려가 과중한 노동에 시달리게 됩니다. 또한, 조선 농촌의 몰락과 경제 착취로 인해 자발적으로 일본행을 택한 조선인들도 많았습니다. 토지 수탈, 높은 세금, 생산력 저하로 생계가 어려워진 농민과 노동자들은 보다 나은 일자리를 찾아 일본으로 향할 수밖에 없었습니다.

이와 함께, 교육이나 상업 활동을 위해 일본으로 이주한 엘리트 조선인들도 존재했습니다. 이들은 일본 유학을 선택하거나, 사업 기회를 찾아 자발적으로 일본에 정착했지만, 이들은 전체 조선인 이주자 중 소수에 불과했습니다. 이처럼 자발적 이주와 강제 동원이 복합적으로 이루어진 결과, 일제강점기 동안 수십만 명의 조선인이 일본으로 이주하게 되었고, 전쟁이 끝난 뒤에도 본국으로 돌아가지 못한 채 일본에 남은 이들이 바로 오늘날 우리가 말하는 재일 동포의 뿌리가 되었습니다.

제2장
해방 이후부터 한국전쟁까지

이 장에서는 해방 직후 재일 동포들의 귀환 문제[1]를 중심으로, 일본 정부와 연합국군 최고사령부(SCAP)[2], 남북한 정부, 그리고 재일동포 민족단체들이 어떻게 대응했는지를 다룹니다. 당시 일본에 남아 있던 200만 명 이상의 재일 동포들은 조국으로 돌아가기를 간절히 바랐지만, 일본 정부와 SCAP는 자국민인 일본인의 귀환을 우선시하였고, 조선인에 대한 귀환 지원은 충분하지 않았습니다.

특히 1945년 8월 24일 발생한 우키시마마루[3] 사건은 많은 이들의 귀환 여정에 비극적인 그림자를 드리웠습니다. 이 장에서는 해방 후 일본과 미군정, 남북한 정부, 재일동포 단체들의 귀환 지원 활동을 정리하면서, 단순한 귀국 문제가 아닌 정치적, 사회적 요소가 얽힌 복합적인 상황이었음을 보여주고자 합니다.

1 '귀환'과 '귀국'은 모두 돌아온다는 뜻이 있지만, 의미와 사용 맥락에 차이가 있다. 귀환은 본래의 장소나 거처로 돌아간다는 뜻이고, 귀국은 외국에 있던 사람이 자기 나라로 돌아온다는 뜻이다. 이 책에서는 전쟁 후가 배경이고 국적자 중심이 아니므로 귀환이라는 표현을 사용하겠다.

2 최고사령부(SCAP, Supreme Commander for the Allied Powers)는 제2차 세계대전 이후 일본을 점령하고 통치하기 위해 연합국이 설치한 통치 기관이었으며, 일반적으로는 더글라스 맥아더(Douglas MacArthur)장군이 맡은 최고사령관 개인과 그 사무국 전체를 가리키는 말로 사용된다. 도쿄 본부에 설치되었으며 (GHQ, General Headquarters)라고도 불린다.

3 우키시마마루 사건(浮島丸事件)은 1945년 8월 24일, 일본 교토 부 마이즈루항 인근에서 재일 조선인들을 태운 일본 군 수송선 '우키시마마루'가 폭발·침몰한 사건. 일본 정부는 기뢰(지뢰)로 인한 사고라고 발표했지만, 의도적 폭침설이 지금까지도 제기되고 있다. 이 사건은 식민지 해방 직후에도 조선인이 차별받고 희생된 대표적 사례로, 진상 규명이 제대로 이루어지지 않아 역사적 미해결 사건으로 남아 있다.

1. 해방 직후 일본 정부의 재일동포 귀환 조치

해방 직후 일본 정부는 해외에 거주하던 일본인 약 660만 명의 귀환을 가장 시급한 과제로 삼고 있었습니다. 이에 따라 귀환 선박 확보, 항구 정비, 행정적 지원 등 일본인 귀환을 위한 체계적인 준비가 시작되었고, 이는 조선인과 대만인, 중국인 등 다른 민족의 귀환 문제에 비해 우선적으로 처리되었습니다.

일본 내무성[4]과 후생성[5]의 통계에 따르면, 1944년 말 기준으로 일본에 거주하던 조선인은 약 190만 명이었으며, 군인과 군속 약 7만 명을 포함하면 총 200만 명을 넘는 것으로 추정되었습니다. 전쟁이 끝난 직후인 1945년 10월, 일본 정부는 연합군 최고사령부(GHQ)에 제출한 보고서에서 귀환 대상 조선인의 수를 약 204만 명으로 제시하였습니다.

해방이 선포된 1945년 8월 15일을 전후하여, 조국으로 돌아가기를 열망하는 많은 재일동포들이 야마구치현의 시모노세키, 센자키, 후쿠오카현의 하카타 등 주요 항구로 몰려들었습니다. 특히 야마구치현과 후쿠오카현 일대의 항만은 귀환을 기다리는 군인, 노동자, 일반 동포들로 북적였습니다.

4 내무성(内務省)은 일본 정부의 중앙행정기관 중 하나로, 국내 행정, 경찰, 지역자치, 공공질서 유지 등 다양한 업무를 담당하는 기관. 1947년에 폐지되었으며, 그 기능은 여러 부처로 나뉘어 재편되었다. 현재는 총무성(総務省)과 경찰청(警察庁) 등이 내무성의 주요 기능을 이어받았다.

5 후생성(厚生省)은 일본 정부의 중앙행정기관으로 보건, 복지, 노동 및 의료와 관련된 정책을 담당했다. 2001년에 후생노동성(厚生労働省)으로 개편되었으며, 현재는 보건과 복지, 노동 정책을 통합하여 관장하는 역할을 하고 있다.

1945년 8월21일, 일본 정부는 전시체제 하에서 강제 동원된 조선인을 대상으로 '응징 조선인 등 해제 방침 결정(応徵朝鮮人等の解除方針の決定)'을 실시하고, 일반 징용자에 대한 징용 해제를 지시했습니다. 해방 직후 일본군과 군속으로 일본 내와 해외 각지의 육·해군 부대에 소속되어 있던 조선인은 약 24만 4,000명에 달했습니다. 해외에 있던 조선인들은 연합군에 의해 일본 부대에서 분리되어 따로 수용되었고, 귀국도 별도로 진행되는 경우가 많았습니다. 일부 조선인들은 일본군과 함께 일본으로 돌아와 일본에 남아 있던 조선인들과 함께 귀국을 서둘렀습니다. 그러나 이때 일부 조선인은 일본에 계속 거주하기를 희망했습니다.

8월 하순, 일본은 군인과 민간인을 해외에서 귀환시키기 시작했지만, 조선인의 귀환을 위한 지원 체계를 제대로 마련하지 못한 상태였습니다. 오히려 일부 지방 행정기관[6]이 자율적으로 귀환을 지원하는 상황이 벌어졌고, 많은 재일동포들은 자비를 들여 선박을 빌려 귀환하거나 부산, 마산, 여수 등에서 일본인이 타고 온 배를 타고 조선으로 돌아가거나, 많은 운임료를 지불하고 소형 선박을 마련하여 귀환한 재일동포들도 있었습니다. 이러한 열악한 귀환 환경 속에서, 기뢰나 해적, 선박 사고 등의 위험이 뒤따랐습니다.

그중 가장 비극적인 사건은 1945년 8월 24일 발생한 '우키시마마루 침몰 사건'입니다. 1945년 8월 21일 니가타항을 출발해 부산으로 향

6 후쿠오카현 지방 행정 기관이 독자적으로 하카타항에 몰려있던 재일동포 중 300명의 군인들을 조선으로 귀환시켰다.

하던 4,730톤급 해군 수송선 우키시마마루는 강제 동원된 재일동포 2,838명과 일반인 897명을 태우고 있었는데, 24일 오후 5시경 교토부 마이즈루항 인근 해역에 정박하려던 중 기뢰에 접촉해 침몰하였습니다. 이 사고로 500명 이상이 목숨을 잃는 대참사[7]가 벌어졌고, 이후 귀환을 앞둔 동포들에게 큰 충격을 주었습니다.

일본 정부는 뒤늦게 후생성과 내무성을 중심으로 조선인 귀환 지원 방안을 마련하기 시작했습니다. 1945년 9월 1일, 후생성은 강제 동원되었던 조선인 노동자 약 32만 명을 대상으로 긴급 귀환 지침[8]을 각 지방 행정기관에 전달하였습니다. 운송 순위는 토건업 관계자를 우선으로 하고, 석탄업 관계자[9]는 그 다음으로 배정되었습니다. 이 지침에는 노동자의 임금 지급, 식량 제공, 숙소 유지 등 현실적으로 이행하기 어려운 조건들이 포함되어 있었지만, 이미 많은 사업장이 전쟁 이후 문을 닫은 상황이었기에 실제로 실행되기 어려웠습니다.[10]

7 시신 175구를 회수하였고, 구조자중에 사망한 사람이 8명이었다. 1950년 제1차 선체 유골회수 작업으로 유골 103구, 1954년 245구를 회수했다.

8 조선인 집단 이입 노동자 등의 긴급 조치(朝鮮人集団移入労働者等の緊急措置)

9 석탄은 철강 생산, 전력 공급, 군수 산업 등 전쟁 수행의 기반이었기 때문에 일본 입장에서는 절대적으로 보호하고 안정적으로 확보해야 할 자원이었다. 강제 동원된 재일조선인 중 석탄 관련 노동자를 가장 나중에 배정한 것에서 일본 정부의 의도와 전략적 속셈이 있었다고 볼 수 있다.

10 부산까지의 이동 시에는 반드시 사업주에 의한 인솔자가 있어야 했으며, 귀환할 때까지 현 사업주는 고용 상태를 유지해야 했다. 또한 급여는 통상대로 지급해야 했고, 취업하지 않은 자에게는 표준 보수 일급의 60%에 해당하는 휴업수당을 지급해야 했다. 숙소와 식량은 기존과 동일하게 제공하도록 사업주에게 지시되었다. 그러나 이러한 지시는 사업주들에게 비현실적이었다. 종전 후 중단된 공장과 토건업의 사업주들은 더 이상 재일동포들을 지속적으로 고용할 수 없는 상황이었고, 군수산업 관련 공장에서 일하던 대부분의 재일동포들은 이미 해고된 상태였기 때문이다. 종전 후 10월 상순까지 약 두 달 동안 일본 국내에서 약 413만 명이 해고되었으며, 여기에 복귀한 군인들과 해외에서 귀환한 사람들까지 더해져, 1945년 12월 시점에는 일본 전체 잠재 실업자가 약 1,300만 명으로 추정되었다.

9월 중순에는 철도총국[11]이 조선행 여객 운송을 제한하는 조치를 내렸고, 일본 정부는 지방에 '인양민사무소'를 설치해 귀환 희망자들을 모으고, 귀환 절차를 안내하도록 했습니다. 그러나 이러한 조치에도 불구하고 현장에서는 행정력과 자원의 부족으로 인해 제대로 된 귀환 지원이 이루어지지 않았습니다. 9월 말 기준으로만 시모노세키와 센자키에는 약 2만 명, 하카타에는 약 1만 명의 재일동포가 귀환을 기다리며 체류하고 있었습니다.

이처럼 해방 직후 일본 정부의 재일동포 귀환 조치는 일본인 귀환에 비해 후순위로 밀리면서 체계적이지 못했고, 열악한 환경 속에서 귀국을 준비해야 했던 재일동포들은 생명의 위협과 생활고에 시달릴 수밖에 없었습니다.

2. 남한 정부의 재일동포 귀환 지원

해방 직후 남한에서도 일본에 체류 중인 재일동포들의 귀환을 돕기 위한 다양한 노력이 전개되었습니다. 특히 조선인들이 강제 동원되어 일본에서 겪은 고초에 대한 공감과 함께, 조국으로 돌아가 새로운 삶을 시작하길 바라는 국민적 열망이 바탕이 되었습니다.

11 일본국유철도(日本国有鉄道, 약칭 JR)가 생기기 전, 일본에서 철도 운영을 총괄하던 행정 기관이다. 현재는 이 역할이 'JR그룹'이라고 불리는 여러 민간 회사들로 분산되어 있다.

1945년 9월 무렵부터 남한[12] 각지에서는 '조선 재외 전재동포구제회(朝鮮在外戦災同胞救済会)', '조선인민구호회(朝鮮人民救護会)' 등 여러 민간 구호 단체들이 조직되었으며, 총 13개의 주요 구호 조직이 전국적으로 활동을 펼쳤습니다. 이들은 일본에 남아 있는 동포들의 귀환을 위한 기금 마련, 의약품 및 의복 등 지원 물자 준비, 귀환자 정착을 위한 기반 조성 등의 역할을 담당했습니다.

남한을 점령한 미군정도 이러한 흐름에 발맞추어 적극적으로 움직였습니다. 외사부 부장을 일본에 파견해 재일동포의 현황을 파악하도록 했고, 1945년 9월 말에는 '구호단체연합중앙위원회(救護団体連合中央委員会)'를 조직하여 민간단체들과의 협력을 본격화하였습니다. 이 위원회는 귀환자 지원의 통합 창구로서 역할을 했고, 귀국 후 재정착 지원까지 고려한 다층적인 대책을 마련하고자 하였습니다.

당시 남한 사회에는 조선인들이 일본에서 강제노동에 시달린 끝에 해방 후조차 차별과 무시를 당하고 있다는 인식이 널리 퍼져 있었습니다. 이는 일본 정부가 자국민 귀환을 우선시하고 조선인 귀환에 소극적인 태도를 보였기 때문입니다. 남한의 국민들과 언론은 이러한 현실을 비판하며, 재일동포 귀환을 보다 적극적으로 지원해야 한다는 여론을 형성해 나갔습니다.

또한, 일부는 가족의 생사조차 확인하지 못한 채 일본에 남겨진 상

12 해방 직후의 남한은 1945년 제2차 세계대전이 끝나면서 한반도가 38선을 기준으로 분할된 이후, 오늘날의 대한민국 영토에 해당한다. 정확한 분할 결정은 1945년 8월 10일에 이루어졌으며, 북쪽은 소련, 남쪽은 미국이 군정을 실시하게 되었다.

황이었기 때문에, 남한에서는 귀환자의 가족 찾기 운동도 자연스럽게 일어났습니다. 일본에 체류 중인 조선인의 명단을 확보하고 연락망을 정비하는 작업도 병행되었습니다.

이러한 남한 사회와 미군정의 대응은 재일동포들에게 큰 위안이 되었으며, 귀환 의지를 고취시키는 역할을 했습니다. 하지만 일본과의 협력 체계가 부족했고, 해방 직후 혼란스러운 정국 속에서 행정적·재정적 지원이 제한적이었던 만큼, 실질적인 귀환 지원의 효과는 기대만큼 크지 못했던 것도 사실입니다.

그럼에도 불구하고 이 시기의 남한 정부와 민간 사회의 귀환 노력은, 재일동포 문제에 대한 국가적 관심의 출발점이 되었으며, 이후 전개되는 귀환 정책과 대북·대일 관계 형성에 중요한 토대를 제공하게 되었습니다.

3. 재일동포 민족단체의 결성과 귀환 지원 활동

해방 이후 일본에 남아 있던 재일동포들은 조국으로 돌아가기 위한 열망을 품고 있었지만, 당시 혼란스러운 사회 질서 속에서 귀환은 결코 간단한 일이 아니었습니다. 이러한 상황에서 재일동포들은 자발적으로 조직을 결성해 귀환 운동을 펼치며, 집단적인 대응을 시도하였습니다.

1945년 8월 18일, 해방 후 불과 3일 만에 도쿄에서는 '재류조선인대책위원회(在留朝鮮人対策委員会)'가 결성되었고, 곧이어 8월 20일에는

'재일본조선인거류민연맹(在日本朝鮮人居留民連盟)'과 '재일조선동포귀국지도위원회(在日朝鮮同胞帰国指導委員会)'가 설립되었습니다. 이처럼 빠른 시일 내에 민족단체들이 생겨난 것은, 그만큼 조선인들이 처한 상황이 절박했고, 고국으로 돌아가기 위한 조직적 대응이 필요했기 때문입니다.

지방에서도 이와 같은 흐름은 활발하게 나타났습니다. 8월 말까지 일본 전역에 약 300여 개에 달하는 재일동포 단체들이 생겨났으며, 이들 대부분은 강제 연행과 동원으로 일본에 끌려온 조선인들의 귀환을 핵심 목표로 삼고 있었습니다.

이후 9월 10일, 전국적인 단일 조직을 만들기 위한 움직임이 시작되어, '재일본조선인연맹중앙결성준비위원회(在日本朝鮮人連盟中央結成準備委員会)'가 발족되었습니다. 이 조직은 다양한 사상적 배경을 가진 인물들—민족주의자, 공산주의자, 친일파, 대일 협력자 등—로 구성되어 있었습니다. 준비위의 본부는 도쿄 신주쿠에 있는 조선장학회관에 설치되었고, 위원장에는 민족주의자 조덕성(趙德聖)이, 부위원장에는 친일파 권일(權逸)과 좌파 활동가 김정홍(金正洪)이 선출되었습니다.

이들은 조선의 재건과 재일동포의 귀환 질서 유지를 목적으로 활동을 전개했으며, 1945년 10월 15일에는 전국 대표자 400여 명이 참가한 가운데 '재일본조선인연맹(在日本朝鮮人連盟)[13]'이 정식으로 결성되었습

13 재일본조선인연맹(약칭: 조련)은 재일조선인 조직의 효시로 일본 내 조선인의 권익 보호, 귀국 지원, 민족 교육, 생활 안정을 목표로 하였으며, 좌파 성향이 강했고, 일본공산당과 연대하기도 했다. 1949년 일본 정부에 의해 강제 해산되었다.

니다. 재일본조선인연맹은 이후 일본 정부가 진행하는 재일동포 귀환 지원 사업에 협력하게 되며, 공식적인 귀환 절차의 일익을 담당하게 됩니다.

1945년 11월부터 조련은 후생성과 운수성[14]과의 협력 하에 귀환자 지원 업무를 분담 받았습니다. 이들은 귀환자 명단 작성, 귀환 증명서 발급, 특별 운송 열차 운행 계획 수립, 승선 및 이동 지원, 일본 내 남겨진 재산의 정리 및 기부금 접수 등의 실무를 맡았습니다.

또한, 남한에는 특파원을 파견해 귀환 준비 업무를 분담하도록 하였습니다. 11월 23일에는 서울 시내에서 8명의 특파원이 모여 귀환 대책을 논의하였으며, 서울 연락부를 설치하고 귀환자 수용, 상담, 정착 지원 등을 체계적으로 진행하기 시작했습니다.

이와 더불어, 조련은 귀환을 앞둔 재일동포 2세들에게 모국어 교육을 실시하며 귀국 이후 사회 적응을 돕기 위한 교육적 준비에도 힘을 쏟았습니다. 또한, 조선인 노동자들을 고용했던 일본 내 사업주들을 상대로 보상금을 요구하는 활동도 펼쳤으며, 이는 강제 동원에 대한 배상 운동의 출발점이 되었습니다.

이러한 조련의 활동은 단순히 귀환 절차의 행정적 역할을 넘어, 재일동포의 집단적 요구를 대변하는 민족운동의 성격을 띠고 있었습니다. 혼란한 시기 속에서도 재일동포들은 스스로 연대하고 조직화하여 조국으로의 귀환이라는 공동 목표를 이루기 위해 힘을 모으고 있었던

14 운수성(運輸省)은 일본 정부의 과거 부처로, 교통과 운송에 관한 업무를 담당하던 기관이다. 2001년 건설성(建設省)과 통합되어 국토교통성(国土交通省)으로 개편되었다.

것입니다.

4. 연합군 최고사령부(SCAP)의 재일동포 귀환 개입

연합군 최고사령부(SCAP)는 1945년 10월 2일 설치된 이후, 일본의 전후 복구와 행정 개혁을 총괄하는 최고 권한을 지닌 기구로 기능하였습니다. SCAP는 일본에 체류 중인 외국인, 특히 조선인에 대한 귀환 정책에도 깊숙이 개입하게 됩니다.

SCAP는 일본 정부에 조선인을 비롯한 외국인에 대한 차별을 철폐하라고 지시하였고, 귀환을 희망하는 이들을 위한 구체적인 대책을 마련하도록 요구하였습니다. 당시 하카타, 시모노세키 등 항구 도시에는 귀국을 기다리는 수많은 재일동포들이 몰려 있었으며, 이들의 체류 여건은 매우 열악했습니다. 이에 SCAP는 일본 정부에 해당 지역의 위생 상태와 식량 공급을 개선하라고 지시하고, '인양자 수용소'를 설치하여 귀환 희망자들을 보호하고 관리하도록 했습니다.

1945년 10월 18일, 일본 정부는 후생성을 재일 외국인의 귀환 업무를 총괄하는 중앙 기관으로 지정하였습니다. 후생성은 하루 약 6천 명 규모의 귀환 인원을 수송할 수 있는 계획을 세우고, 특히 강제 동원 노동자들 가운데 귀환을 희망하는 이들의 명단을 작성하고 수송 일정을 조율하였습니다. 그러나 실제로는 재일동포 전체 인구의 40% 정도만이 귀환을 희망한 것으로 추산되었고, 대부분은 일본에 잔류할 의사를 보였습니다.

귀환자들이 가장 많이 몰렸던 하카타 일대는 점차 포화 상태에 이르렀고, 특히 전쟁 말기 석탄광산 등에서 강제 동원되었던 조선인 노동자들이 집단 귀환을 요구하며 일본 당국과 충돌하기도 했습니다. 일부 지역에서는 전쟁 중 자신들에게 가혹한 대우를 했던 경찰과 노무계를 상대로 한 보복적 성격의 사건도 발생했으며, 일본 경찰이 통제할 수 없는 상황으로 격화되자 미군이 직접 출동해 질서를 회복하는 일도 있었습니다.

1946년 1월 15일부터 17일까지는 SCAP, 태평양함대, 제8군, 남한을 점령 중이던 제24군단 소속 장교들이 도쿄에 모여 '귀환회의'를 개최했습니다. 이 회의에서는 일본과 조선, 그리고 다른 지역에 흩어져 있는 일본인 및 외국인의 귀환 문제를 포괄적으로 논의하였고, 조선인 귀환도 포함된 계획이 수립되었습니다.

SCAP는 1일 최대 1만 500명 규모의 수송 능력을 갖추고, 사세보, 하카타, 센자키 등의 항구에 미군 연락팀을 설치하였습니다. 또한 남한의 미군정청 외사부 소속 장교들과 조선인 직원들을 일본에 파견해 귀환 절차를 협조하도록 하였습니다.

1946년 2월 17일, SCAP는 일본 정부에 '조선인, 중국인, 대만인, 류큐인[15] 등록에 관한 각서'를 전달하고, 귀환 희망자 명단을 3월 18일까

15 류큐인은 현재의 오키나와(沖縄) 지역 출신의 주민들을 가리킨다. 과거 류큐 왕국은 일본과는 독립된 국가였으나 19세기 말에 일본에 의해 병합되었다. 1946년 당시 류큐인은 일본의 오키나와 출신 사람들을 지칭하는 용어로 사용되었다.

지 완료하라고 지시하였습니다. 이 등록은 귀환 여부 확인을 위한 것이었으며, 이름, 나이, 주소, 직업, 귀환 희망지 등을 상세히 조사하였습니다. 등록 기간 내에 신청하지 않으면 귀환 특권을 상실하게 되어, 실질적으로 귀환을 원하던 많은 이들에게 심리적 부담을 주는 조치이기도 했습니다.

1946년 3월 13일에는 귀환 업무의 전담 기관인 '인양원호원(引揚援護院)'이 설립되어, 전국적인 귀환 행정 체계를 갖추게 됩니다. 등록 조사 결과, 약 65만 명이 등록을 마쳤고, 이 중 51만 명 이상이 귀환을 희망하였습니다. 그중 절대다수는 남한으로의 귀환을 원했으며, 북한을 희망한 경우는 약 1만 명 이내였습니다.

〈표 2〉 재일외국인 귀환 희망 유무 등록(1946년3월18일)

국가	등록자 수	귀환 희망자 수	귀환 희망자 비율
조선	647,006	514,060 북부 9,701 남부 504,359	79%
중국	14,941	2,372	16%
대만	15,906	12,784	80%

SCAP는 4월 15일부터 귀환 수송을 본격적으로 시작해 9월 말까지 완료할 계획을 세웠으나, 현실은 계획대로 진행되지 못했습니다. 1946년 여름, 남한에서 대규모 홍수가 발생하면서 항구와 철도 등 교통망이 붕괴되었고, 이후 콜레라가 유행해 수만 명의 사망자가 발생하였습니다. 이에 따라 SCAP는 일본 정부에 조선 남부로의 귀환 중단을 지시할 수

밖에 없었습니다.

그 결과, 귀환을 계획하고도 출국하지 못한 동포들은 일본에 잔류하게 되었고, 조선에 귀환한 이들 중 일부는 생계 곤란이나 사회적 혼란[16]으로 인해 다시 일본으로 밀항[17]해 돌아오기도 하였습니다. SCAP는 1946년 12월을 기점으로 공식 귀환 계획을 종료하였으며, 이후의 귀환은 개인 책임 하에 진행되도록 방침을 변경했습니다.

이러한 과정은 해방 직후 재일동포 귀환 정책이 단지 행정적 문제에 그치지 않고, 당시의 국제정세와 사회 혼란, 남북 분단이라는 구조적 문제 속에서 얼마나 복잡한 과정을 거쳐야 했는지를 잘 보여주고 있습니다.

5. 북한에 잔류한 일본인의 귀환

제2차 세계대전이 끝나던 무렵, 북한에는 군인과 군속을 제외하고도 약 27만에서 28만 명에 이르는 일본 민간인들이 머물고 있었습니다. 이들 가운데는 일소(일본-소련)개전[18] 이후 만주 등지에서 열차를 타고

16 일본 강점기 당시 일본 정부와 일본 기업이 소유했던 경영 체계는 대부분 붕괴되었으며, 남북 분할로 인해 분업 관계도 단절되었다. 게다가 일본, 만주, 북한에 있던 동포들이 대거 남한으로 몰려들면서 심각한 실업률, 식량 부족, 주택 부족 등의 문제가 발생했다. 실업자 수는 1946년 11월 시점에서 110만 명이었다.

17 종전 후 일본은 일본인 귀환자를 제외한 조선에서의 일반인 입국을 원칙적으로 금지했기 때문에, 남한으로 귀환했다가 다시 돌아온 재일조선인은 '불법 입국자'로 간주되었다.

18 일본과 소련 사이의 전쟁으로, 1945년 8월 9일 소련이 일본에 선전포고하고, 만주 및 한반도 북부에

북한으로 내려와 귀국을 시도했으나, 38선이 단절되면서 북한에 발이 묶인 경우도 있었습니다.

전후의 혼란 속에서 이들 일본인은 심각한 생활고를 겪었습니다. 식량과 의류는 턱없이 부족했고, 전염병의 위협 속에 많은 이들이 목숨을 잃었습니다. 또한 일부 지역에서는 소련군 병사들로부터 약탈과 폭행 피해를 입는 일도 발생했습니다.

이러한 상황을 인지한 일본 정부는, 북한에 남은 일본인의 보호와 귀환을 위해 연합국군 최고사령부(SCAP)에 여러 차례 요청을 하게 됩니다. 하지만 미·소 간의 긴장 속에서 이 문제는 좀처럼 해결의 실마리를 찾기 어려웠습니다.

1946년 상반기까지도 귀환 교섭은 제대로 진전되지 않았고, 생활이 어려웠던 많은 일본인들은 38선을 넘거나 선박을 이용해 남한으로 탈출했습니다. 그해 3월부터 6월까지 남한으로 내려온 일본인은 약 10만 명에 달했습니다.

소련군은 같은 해 6월부터 일본인의 남하를 금지했지만, 현실적인 생존을 위해 수많은 일본인이 위험을 무릅쓰고 탈출을 감행했습니다. 7월부터 10월 중순 사이, 약 9만 명의 일본인들이 38선을 넘어 남한으로 빠져나와 일본으로 돌아갔습니다.

그러나 여전히 북한에는 많은 일본인들이 남아 있었습니다. 이들은 각지의 인민위원회와 소련군 지휘 하에 주요 산업시설에 머무르며 공

있는 일본군을 공격한 사건이다.

장, 광산 등의 시설에서 강제로 노동을 이어가야 했습니다.

1946년 2월, 북조선임시인민위원회(北朝鮮臨時人民委員会)가 공식적으로 출범하면서 산업 국유화가 진행되었고, 같은 해 8월 7일 김일성은 '기술자 확보에 관한 결정서'를 통해 국적과 관계없이 기술자들은 해당 기관에서 계속 근무해야 한다고 발표했습니다. 이러한 분위기 속에서 일본인의 귀환은 점차 늦춰졌지만, 같은 해 12월 18일부터는 미소 협정에 따라 본격적인 귀국 절차가 시작되었습니다.

귀환 대상이 된 이들은 흥남항을 통해 나가사키현(長崎県) 사세보항과 교토부(京都府) 마이즈루항으로 귀환하였으며, 1948년 7월 6일까지 총 2만 2,201명이 일본으로 돌아갈 수 있었습니다.

6. 해방 이후 재일동포의 북한 귀환

1946년 12월 19일, 도쿄에서 연합국군 최고사령부(SCAP) 대표와 소련 측 대일이사회 대표가 만나 '소련지구 인양에 관한 미소 협정(ソ連地区引揚米ソ協定)'을 체결했습니다. 이 협정은 일본에 남아 있던 북한 출신 재일동포의 귀환 문제와 북한에 체류 중이던 일본인의 귀환 문제를 함께 다루는 협정이었습니다.

협정에 따르면, 귀환에 사용될 선박은 SCAP가 제공하고, 그 운항 비용과 식량·의료 설비·항해 물자 등은 일본 정부가 책임지도록 명시되어 있었습니다. 또한 북한으로의 귀환은 북한에 있는 일본인의 귀환과 연계되어 왕복 수송 방식으로 진행되며, 일본인이 1만 명 귀환한 이후에 재일동포의 귀환이 함께 이루어진다는 조건이 포함되어 있었습니다.

사실 이보다 앞선 1946년 3월 18일, 일본 정부가 실시한 귀환 희망 등록 조사에서 북한 귀환을 희망한 재일동포는 9,701명이었습니다. 그러나 같은 해 말에 이루어진 재조사에서는 이 숫자가 크게 줄어 1947년 1월 기준으로는 1,413명에 불과했습니다. 결국 실제로 북한으로 귀환한 재일동포는 총 351명에 그쳤습니다.

그 배경에는 여러 요인이 있었습니다. 북한에 대한 정보 부족, 불확실한 생활 여건, 그리고 소련군의 통제와 관련된 불안감이 크게 작용했습니다. 또한 해방 직후 북한으로 향한 사람들 중 일부가 현지 사정의 어려움으로 인해 다시 일본으로 돌아오려는 시도까지 하면서 북한으로의 귀환에 대한 동포들의 심리적 장벽이 더욱 높아졌습니다. 그 결과, 북한으로의 귀환은 남한에 비해 훨씬 적은 규모로 진행되었으며, 귀환자 숫자에서도 큰 차이를 보이게 되었습니다.

7. 해방 이후 재일동포의 법적 지위 문제

1946년 11월 12일, 연합국군 최고사령부(SCAP)는 일본에 남아 있는 재일동포의 법적 지위에 대해 공식적으로 입장을 발표했습니다. 그 내용은 "귀환을 거부한 재일동포는, 추후 정당한 한국 정부가 수립되어 그들을 대한민국 국민으로 인정하기 전까지는 일본 국적을 유지한다"

는 것이었습니다.

이는 이전까지 애매하게 남아 있던 재일동포의 지위를 사실상 '일본인'으로 규정한 조치였습니다. 해방 직후, 재일동포는 해방된 민족으로 간주되기도 했고, 또 상황에 따라 적국민인 일본인으로 취급되기도 했습니다. 그런 모호함 속에서 이번 발표는 일본 경찰이 재일동포를 관리하고 감찰할 수 있는 법적 근거를 마련해주었다는 점에서 재일동포 사회에 큰 충격을 주었습니다. 이에대해 재일동포 사회는 강하게 반발했습니다. 자신들이 해방된 민족임에도 불구하고 여전히 일본 국민으로 분류되는 데 대한 분노와 좌절이 재일 사회를 뒤덮었습니다.

이와 관련해 남한의 미군정은 SCAP에 "한국에 정식 정부가 수립되기 전까지 재일동포가 '조선' 또는 '일본' 국적을 선택할 수 있을 때까지 그들을 우호국 국민으로 대우해 달라"는 입장을 전달했습니다. 이는 남한의 국적 문제가 점령 과정에서 매우 중요 사안이며, 미국이 조선을 해방국으로 간주하겠다는 방침과도 충돌하는 SCAP의 정책에 대한 문제 제기였습니다. 그러나 결국 이 요청은 받아들여지지 않았습니다.

그해 12월 20일, 재일본조선인연맹(조련)을 중심으로 약 1만 명의 재일동포들이 도쿄 황궁 앞 광장에서 '재일본조선인생활권옹호 전국대회(在日本朝鮮人生活擁護全国大会)'를 열고 항의 시위를 벌였습니다. 이 과정에서 일부 참가자들이 수상 관저 안뜰까지 진입하는 사건이 발생했고, 대표자 10명을 포함한 14명이 검거되어 미군 군사재판에 넘겨졌습니다. 1947년 3월 7일, 강제 송환 형식으로 남한으로 추방당하게 되었습니다.

이후 1947년 5월 2일, 일본 정부는 '외국인등록령(外国人登録令)'을 공포하고 시행했습니다. 이 법령은 일본에 체류하는 외국인을 등록 대상으로 삼는 것으로, 사실상 재일동포를 외국인으로 규정하고 그들을 통제하기 위한 제도적 장치를 마련한 것이었습니다.

이에 대해 재일동포 민족단체들은 즉각 반발하며 다음과 같은 점을 지적했습니다. "역사적 배경을 무시한 외국인 등록은 사실상 재일동포에 대한 추방 조치이며, 일본의 책임을 회피하는 처사이다. 인권 보장 측면에서도 부당하다.", "조선인이 일본에 머물게 된 역사적 경위와 이에 대한 일본의 책임을 외면한 채, 사실상 조선인을 겨냥한 관리 입법을 조정하는 것은 용서할 수 없다.", "인권 보장 규정에 전혀 따르지 않는다" 등을 주장하며 반대 운동을 지속적으로 펼쳐나갔습니다.

이러한 비판에도 불구하고, 일본 정부는 외국인 등록 기간을 1947년 7월 1일부터 31일까지로 연장하고 시행에 나섰습니다. SCAP도 재일동포들에게 등록에 협조할 것을 반복적으로 경고했습니다. 결국, 재일동포 민족단체들은 1947년 8월부터 외국인 등록에 응하기 시작하였고, 조련을 포함한 각 단체들도 이에 동참하였습니다. 그해 12월 31일 기준, 등록을 마친 재일동포는 총 59만 8,507명이었습니다.

이로써, 해방 이후 혼란했던 재일동포의 법적 지위는 '외국인으로서 일본 내 거주'라는 체계로 편입되었고, 이는 훗날 재일동포의 권리·교육·사회적 처우 전반에 영향을 미치는 중요한 기점이 되었습니다.

8. 남북 분단과 재일동포 사회 내 대립

해방 직후, 일본 내 재일동포 사회는 급속도로 조직화되어 갔습니다. 그 중심에는 1945년 10월에 결성된 재일본조선인연맹(조련)이 있었습니다. 조련은 일본 전역에 지부를 두며 재일동포들의 귀환을 지원하고, 동포들의 권익을 보호하기 위한 민족단체로 자리매김했습니다.

이러한 분위기 속에서 연합군 최고사령부(SCAP)는 1945년 10월 10일, 일본 내 정치범과 사상범을 석방하기로 결정하였고, 그 중에는 일본공산당의 중심 인물들이 다수 포함되어 있었습니다. 그중 한 명인 김천해(金天海)는 일본공산당 재건 이후 열린 제4차 당대회에서 중앙위원으로 선출되었고, 이후 조련의 최고 고문이자 일본공산당의 조선인부장을 맡게 됩니다.

김천해와 같은 인물들의 참여로 인해, 조련은 민족운동 단체이면서 동시에 좌파 색채가 강한 조직으로 변모해 갔습니다. 이는 과거 일제강점기 시절부터 이어진 마르크스주의의 영향력[19]이 재일동포 사회에 깊이 뿌리내리고 있었기 때문이기도 했습니다.

하지만 조련 내부에는 다양한 이념과 배경을 가진 인물들이 함께 있었기 때문에, 좌파 간부들과 우파, 심지어 친일계 인사들 간의 노선 갈등이 끊이지 않았습니다. 김두용(金枓鎔), 박은철(朴恩哲) 등 공산주의

19 민족적 입장에서 정당성을 가지고 민중의 지지를 얻은 이들은, 일관되게 일본 제국주의와 맞서 싸워 온 마르크스주의에 공감했고, 1920년대부터 1930년대에 걸쳐 재일동포 사회에서 마르크스주의가 큰 영향을 미친 결과, 조련의 주도권도 마르크스주의자들이 장악하게 되었다.

성향의 인물들은 일제에 협력했던 인사들을 '민족 반역자'로 규정하고 단호히 배제할 것을 주장했습니다. 이로 인해 조련 내부의 대립은 더욱 심화되었습니다. 결국 조련의 이념적 방향에 반발한 민족주의자들과 자유주의 성향, 반공 성향의 인사들이 새로운 조직을 만들게 됩니다.

1945년 11월, 조선건국촉진청년동맹(朝鮮建国促進青年同盟)이 결성되었고, 이후 1946년 1월에는 박열(朴烈)을 위원장으로 한 신조선건국동맹(新朝鮮建国同盟)이 창립됩니다. 이 단체의 부위원장으로는 민족주의자 이강훈(李康勳), 무정부주의자[20] 원심창(元心昌)이 취임하였습니다.

이들 단체는 공통적으로 '민족의 자주성과 통일'을 강조했고, 조국이 남과 북으로 나뉘는 것을 우려하며, 신탁통치 반대와 민주주의적 조선 건국을 주장했습니다. 이러한 흐름은 같은 해 10월에 공식 발족하는 '재일본조선거류민단(在日本朝鮮居留民団)[21]'으로 이어지게 됩니다.

민족 단체들 사이에서는 '조선을 어떤 나라로 만들어갈 것인가'에 대한 깊은 고민이 있었습니다. 조선 건국은 그들에게 가장 중요한 과제 중 하나였으며, 여러 민족 단체들은 조선의 정치 세력들과 손잡고 다양한 활동을 펼쳐 나갔습니다.

재일본조선인연맹(조련)은 1946년 2월 임시대회를 열고, 모스크바 3국 외상 회의에서 결정된 조선 신탁통치안[22]을 지지하며, 분단된 조국

20 아나키스트(anarchist)는 한국어로 무정부주의자로 번역되었으나, 단순히 국가 등의 질서를 부정하는 사람이 아닌 권위와 강제 없는 자유로운 공동체를 추구하는 정치, 사회사상가이다.

21 1948년 10월, '재일본대한민국거류민단'으로 개칭.

22 1945년 12월16일부터 27일까지 미국과 영국, 소련이 참가하였으며, 조선을 곧바로 독립시키기 어렵다고 보고, 미국, 영국, 중국, 소련 4개국이 최대 5년 동안 신탁통치를 실시하는 방안을 제안하였다.

의 통일을 위한 운동에 나서겠다고 밝혔습니다. 이후 조련은 남한에서 결성된 '민주주의민족전선(民主主義民族戰線)'에 가맹하면서 조선 민주 정부 수립을 촉진하고, 단독선거[23]를 반대하는 활동을 이어갔습니다.

반면, 조선건국촉진청년동맹(건청)과 신조선건국동맹(건동)은 1946년 1월 이후 신탁통치안에 반대하는 집회를 열었고, 1947년 6월 임시대회에서는 남한에서의 단독선거를 반대한다는 입장을 밝혔습니다. 하지만 재일본조선거류민단(민단)은 같은 해 12월, 단독선거를 지지한다고 발표하며 다른 단체들과는 다른 길을 걷기 시작했습니다.

이처럼 재일동포 사회의 민족 단체들은 해방 후 채 1년도 지나지 않아 좌우로 갈라졌고, 이념적 대립은 점점 더 격해졌습니다. 이러한 흐름은 당시 조국 조선의 상황과도 맞물려 있었고, 조선 내의 정치 정세가 재일 민족 단체들에게 큰 영향을 미친 결과라고 할 수 있습니다. 38선을 기준으로 당시 남한에서는 이승만과 김구를 중심으로 한 우파 세력이, 북한에서는 김일성을 중심으로 한 좌파 정권이 각각 정권 기반을 다져가고 있었습니다.

미군과 소련이 남북을 점령하여, 각자의 이해관계에 따라 이념적으로 상반된 정권을 지원하게 되었고, 그 흐름 속에서 재일동포 사회도 좌우 양 진영으로 나뉘어 갈등하게 된 것입니다. 그 갈등의 배경에는 단순한 사상적 차이뿐 아니라, 일제 협력자에 대한 평가, 신탁통치에

특히 우파 세력은 이를 강하게 반대하며, 좌파와의 갈등이 심화되었다.

23 1947년, 미국과 소련이 협력해 한반도 전체에 통일 정부를 세우려 했지만, 의견 차이로 협상이 결렬되었다. 그 후 유엔이 개입해 가능한 지역에서 먼저 선거를 실시하자고 결정했다.

대한 입장, 향후 조국의 통일 방식에 대한 비전의 차이 등이 얽혀 있었습니다.

이후 조련은 북한 중심의 통일 노선을 지지하게 되었고, 반면 민단은 남한 정부를 지지하며 상반된 행보를 이어가게 됩니다. 이로써 재일동포 사회는 분단 조국의 축소판처럼, 이념과 체제를 두고 끊임없이 충돌하고 대립하는 공간이 되었습니다.

9. 재일본조선인연맹(조련)과 민족학교

해방 직후, 일본에 남은 재일동포들은 단순한 생존을 넘어 민족의 정체성과 교육을 지키기 위한 움직임을 시작했습니다. 그 중심에는 재일본조선인연맹(조련)이 있었고, 그들이 가장 중점적으로 추진한 활동 중 하나가 바로 민족학교 설립과 운영이었습니다.

1945년 8월 말, 조선인 공산주의자로 알려진 김두용이 도쿄에 조선어 강습소를 개설한 것이 그 시작이었습니다. 이후 '국어강습소'라는 이름으로 일본 전역에 같은 성격의 교육 시설이 잇따라 만들어졌고, 이는 점차 체계적인 학교 형태로 발전해 갔습니다.

1946년부터 재일동포의 본국 귀환이 점차 줄어들자, 조련은 일본에 계속 남게 된 동포 자녀들의 민족교육에 본격적으로 나섰습니다. 각 지역에서 설립된 민족학교들은 조선어와 역사, 문화 교육을 중심으로 운영되었고, 조련이 북한을 지지하는 노선을 채택함에 따라 그 교육은 자연스럽게 북한 중심의 민족주의와 좌파 이념을 반영하게 되었습니다.

당시 SCAP는 조선인들이 일본 내에서 독자적인 교육 체계를 갖추는 것을 경계했습니다. 민족학교가 일본 사회에서 분리된 교육 공간을 형성하면서 민족 간 분쟁의 씨앗이 될 수 있다는 우려 때문이었습니다.

이런 분위기 속에서, 1947년 일본 정부는 교육기본법과 학교교육법을 제정하여 새로운 교육 체제를 도입했고, 이에 따라 민족학교들도 정식 학교로 등록하거나 그에 맞는 운영 기준을 갖추도록 요구받았습니다.

1947년 10월 기준, 조련이 운영하는 학교는 소학교 541개교(학생 수 46,991명), 중학교 4개교(학생 수 2,148명), 각종 청년학교 30개교(학생 수 2,148명)였다. 반면, 민단이나 건청 산하의 민족학교는 소학교 52개교(학생 수 6,297명), 중학교 2개교(학생 수 241명), 훈련소 2곳(학생 수 289명)으로 상대적으로 적은 수를 기록했습니다.

1947년 11월 14일, 유엔은 한국 문제에 대한 결의안을 채택하고, '유엔한국임시위원단(UNTOK, United Nations Temporary Commission on Korea)'의 감시 아래 총선거를 실시한 뒤, 정부를 수립하고 미·소 양군을 철수시키기로 결정하였습니다. 그러나 1948년 1월, 소련과 북한은 UNTOK의 북한 진입을 거부하였습니다.

결국 유엔은 남한 지역에서만 선거를 진행하기로 결의하게 됩니다. 같은 해 12월, 이승만과 가까웠던 박열이 이끄는 민단은 유엔의 결정을 지지하는 입장을 밝혔지만, 조선건국촉진청년동맹(건청)은 내부에서 단독선거를 지지하는 쪽과 남북 협상을 주장하는 통일파로 나뉘어 갈등을 겪었습니다.

특히 단독선거를 계기로 발생한 제주 '4·3 사건[24]'은 제주 출신[25]의 많은 민단원들에게 큰 충격을 주었고, 미군정을 지지하는 민단의 태도에 실망한 이들은 점차 조직을 떠나기 시작했습니다. 이로 인해 본래부터 기반이 약했던 민단의 조직력은 한층 더 약화되었습니다.

일본 정부와 SCAP는 민족학교들이 공산주의 이념을 전파하는 거점이 될 것을 우려했고, 결국 민족학교에 대한 본격적인 통제에 나서게 됩니다.

1948년 1월 24일, 일본 문부성은 '조선인 설립 학교에 대한 지침(朝鮮人設立学校の取り扱いについて)'을 전국에 하달합니다. 지침의 핵심은 "조선인 아동들도 일본의 교육법에 따라 공립 또는 인가된 사립학교에 진학해야 하며, 모든 학교는 일본 정부의 승인을 받아야 한다"라는 내용이었습니다.

조련은 이에 반발해 1948년 2월부터 전국적으로 민족교육 옹호 운동을 벌였습니다. 그러나 3월 24일, 일본 정부는 지침을 따르지 않는 민족학교의 강제 폐쇄를 예고했고, SCAP 역시 이 방침을 지지했습니다.

결국 1948년 4월, 고베에서는 조련이 운영하던 학교에 대한 폐쇄 명령을 둘러싸고 대규모 시위가 벌어졌고 현지 당국은 긴급사태를 선포

24 1948년 4월 3일, 남한 단독선거에 반대하던 남로당 계열 무장대가 제주도에서 봉기를 일으킨 것을 계기로 발생한 대규모 민간인 희생 사건이다. 당시 미군정과 정부는 이를 강경 진압하면서 수많은 민간인이 '폭도 협력자'로 몰려 희생되었고, 진압 작전은 수년간 이어졌다. 이 사건으로 제주도 주민 수천 명이 목숨을 잃거나 고통을 겪었으며, 한국 현대사의 대표적인 국가 폭력 사례로 남아 있다.

25 일제강점기 강제동원시, 제주도는 인구 대비 많은 사람들이 동원된 지역 중 하나였으며, 어업이나 노동을 위해 일본으로 건너간 사례가도 많았다. 제주 4·3사건의 영향으로 탄압을 피해 도피한 사람들 중 일부는 일본으로 이주하게 되었다.

한 뒤 무려 1,700여 명을 검거했습니다. 이 가운데 일부는 군사재판을 통해 강제 송환되는 사태까지 발생했습니다.

같은 달 26일, 오사카에서는 한 시위 현장에서 경찰의 발포로 16세 재일동포 소년이 목숨을 잃는 비극적인 사건이 발생했습니다. 이 사건은 훗날 '한신교육사건'으로 불리며 재일동포 사회에 큰 충격을 주었습니다.

1948년 4월 29일, 미군정 하의 과도정부[26]에서 민정장관을 맡고 있던 안재홍(安在鴻)은 일본 정부에 특별한 요청을 전달했습니다. 일본에 거주하는 재일동포 자녀들의 초등 및 중등 교육이 일본 교육법의 틀 안에서 정식으로 허가 받을 수 있도록 하고, 동시에 재일동포들이 남한의 교육 체계에 따라 자율적으로 학교를 운영할 수 있도록 일본 문부성이 유연하게 허가해 주길 바란다는 내용이었습니다. 그러나 미군정은 이러한 요청에 대해, 재일동포 교육 문제의 본질은 공산주의 성향이 강한 교육 내용과 일본 법률의 미준수에 있다고 판단하며, 이는 일본 점령 당국과 같은 입장을 반복하는 데 그쳤습니다.

그 뒤를 이어, 한신교육사건의 수습을 위해 조련과 일본 문부성 간의 협의가 이루어졌고, 그 결과로 1948년 5월 5일 '5·5 각서'가 작성되었습니다. 이 각서에서는 재일 조선인 교육이 일본의 교육기본법과 학교교육법을 따르되, 사립 학교로서의 자율성을 인정받고, 그 범위 내에서 조선인들만의 독자적인 교육을 실시할 수 있다는 원칙이 명시되었

26 제2차 세계대전 이후 한반도에서 미국이 주도한 군정 기간에 남한 지역에 설치된 임시 행정 체제를 가리킨다.

습니다. 이로써 조련이 주도한 민족학교는 비공식적 교육기관에서 일본 내 등록된 사립학교로 전환되었고, 한편으로는 북한 지향적 민족교육의 거점으로 자리 잡게 되었습니다.

10. 남북한 정부 수립과 민단·조련의 갈등

1948년, 한반도에는 두 개의 정부가 수립되었습니다. 8월 15일, 남한에서는 자유민주주의와 반공을 국시로 내세운 대한민국이 수립되었고, 초대 대통령으로는 미국 등지에서 독립운동을 펼쳤던 이승만이 취임했습니다. 같은 해 9월 9일, 북한에서는 사회주의 체제를 기반으로 한 조선민주주의인민공화국이 김일성을 수상으로 세워 정부를 수립했습니다.

유엔[27]은 대한민국을 한반도의 유일한 합법 정부로 승인했지만, 북한은 소련의 전폭적인 지원 아래 독자적인 정부를 세웠고, 한반도는 결국 명확한 분단 체제에 들어서게 되었습니다. 이러한 남북한의 정부 수립은 일본 내 재일동포 사회에도 큰 영향을 주었습니다. 조국이 두 개의 체제로 나뉘자, 조국을 바라보는 시선도 재일동포 사회 내에서 엇갈리기 시작했습니다.

27 국제연합(United Nations)은 제2차 세계대전이 끝난 뒤인 1945년 10월 24일, 전쟁의 참화를 다시 겪지 않기 위해 세계 여러 나라들이 모여 만든 국제기구이다. 처음에는 51개국이 참여했으며, 지금은 190개가 넘는 나라들이 회원국이다.

남한인 대한민국은 일본 내에서 자신들의 입장을 지지하고, 동포들의 귀환과 권익을 보호할 수 있는 민간 조직이 필요하다고 판단했고, 이를 위해 '재일조선거류민단'을 공식적으로 승인하며 민단을 대한민국의 유일한 재일 민족단체로 인정했습니다. 이에 따라 민단은 조직 명칭을 '재일본대한민국거류민단'으로 변경하게 됩니다.

반면, 조련은 북한 정부의 수립을 환영하며 자신들의 규약을 개정했습니다. 새롭게 추가된 항목에는 "창건된 조선민주주의인민공화국을 절대 사수하고 이를 육성·강화한다"라는 문구가 포함되었습니다. 조련은 기존에 사용하던 태극기 대신, 북한의 국기를 게양하며 북한 정부에 대한 지지를 공식적으로 드러냈습니다.

그 결과, 민단과 조련은 서로 다른 체제의 정부를 지지하게 되었고, 두 조직 간의 갈등은 더욱 깊어지게 됩니다. 민단은 대한민국 정부의 승인 아래 활동하면서 대한민국의 정체성과 헌법 질서를 전파하고자 했으며, 동포들의 권익 보호를 목표로 활동을 전개했습니다. 반면, 조련은 북한의 통일 노선을 지지하면서 북한 중심의 국가관을 바탕으로 교육, 조직 활동, 정치적 연대 등을 강화했습니다.

이처럼 서로 다른 이념과 지향점을 가진 두 단체는 동포 사회 내의 주도권을 놓고 경쟁하게 되었고, 일본 내 재일동포 사회는 남북 분단을 그대로 반영하듯 두 조직으로 양분된 상태에서 첨예한 대립 구도로 접어들게 됩니다.

이러한 분열은 단순한 이념 대립을 넘어 향후 북송사업의 배경이 되는 정치적 기반으로 작용하게 되며, 재일동포 개개인의 삶에도 커다란 영향을 미치게 됩니다.

11. 조련과 북한 정부의 연계

재일본조선인연맹(조련)은 해방 직후부터 북한과의 비공식적인 연락을 유지하고 있었습니다. 조선민주주의인민공화국(북한)이 정식으로 수립되기 전부터, 조련의 간부들은 북한으로 밀항하거나, 일본에 잠입한 북한 공작원들과 접촉해 협력 관계를 맺기 시작했습니다.

북한은 당시부터 일본 내 재일동포 사회와 좌파 민족단체의 움직임에 큰 관심을 두고 있었습니다. 특히, 일본공산당과의 연계를 통해 조련의 활동을 지원하거나, 재일동포 내부에 사회주의 이념을 퍼뜨리는 데 주력했습니다.

당시 일본 정부는 재일동포의 출국은 허용했지만, 재입국은 원칙적으로 불허하고 있었기 때문에 조련 간부들의 북한 방문은 대부분 비공식적 경로로 이루어졌습니다. 조련은 북한과의 교류를 공고히 하기 위해 위험을 감수하며 몰래 북한을 드나드는 활동을 이어갔습니다.

북한 정부는 이러한 조련의 행보에 환영의 뜻을 보였습니다. 1948년 북한 정권 수립 이후, 김일성은 조련 간부들에게 공식적인 방문 요청을 보내며 조련과 북한 간의 관계를 보다 제도적·공식적으로 만들고자 했습니다.

조련은 처음부터 이념을 중심으로 출발한 조직은 아니었습니다. 해방 직후 조국으로의 귀환을 희망하며 결성된 조련에는 민족주의자, 좌파, 중도, 심지어 친일 세력까지 다양한 배경의 인물들이 함께 있었고, 일반 재일동포들도 단지 민족 공동체에 대한 신뢰 속에서 조련 활동에 참여하곤 했습니다.

그러나 일본 사회에서의 차별과 빈곤, 그리고 일본 정부와 SCAP의 억압적 대응은 재일동포들 사이에서 사회주의에 대한 동경을 자극하기도 했습니다. '공정한 분배', '노동자의 권리', '민족 해방'과 같은 구호는 일제 강점과 전후 혼란을 겪은 재일동포들에게 매우 매력적인 대안처럼 느껴졌던 것입니다.

조련은 이런 분위기 속에서 점점 더 북한 지향의 이념 노선을 강화해 갔습니다. 특히 제주 4·3 사건과 같은 비극을 접하면서, 많은 제주 출신 동포들이 민단에서 조련으로 입장을 바꾸는 일도 생겼습니다. 이들은 민단이 미국과 이승만 정부를 지지하는 데에 회의감을 느끼며 북한과 조련의 입장에 더욱 공감하게 되었습니다.

조련은 '항일 영웅 김일성'이라는 이미지를 동포 사회에 적극적으로 확산시키고, 북한에 대한 긍정적인 이미지를 부각시키는 활동을 펼쳤습니다. 이러한 활동은 자연스럽게 북한 중심의 '조국지향적 내셔널리즘'[28]으로 이어졌고, 결국 재일동포 사회 내에서 북한을 조국으로 인식하는 흐름이 형성되기 시작합니다. 이러한 조련과 북한 정부의 긴밀한 관계는 이후 전개될 귀국운동과 북송사업의 중요한 배경이 됩니다.

28 조국지향적 내셔널리즘은 조국을 중심에 두고 정체성과 충성심을 구축하며 조국의 번영, 보전, 통일 등을 최우선 가치로 삼는 민족주의를 말한다.

12. 일본 내 조련에 대한 일본 정부의 경계

1949년 무렵, 전 세계는 점점 더 냉전 구도로 빠져들고 있었습니다. 유럽에서는 북대서양조약기구(NATO)[29]가 창설되었고, 독일은 동서로 나뉘어 각각 정부를 수립했습니다. 중국에서는 공산당이 정권을 잡으며 중화인민공화국이 탄생했습니다. 이런 세계정세는 일본과 재일동포 사회에도 직접적인 영향을 미쳤습니다.

연합군 최고사령부(SCAP)의 군정보부는[30] 당시 조련이 일본 내에서 가지는 정치적 영향력을 예의주시하고 있었습니다. 재일동포 사회는 생활이 불안정하고, 일자리와 거주지, 교육 문제로 어려움을 겪고 있었습니다. 이런 혼란 속에서 조련은 일본공산당과 연계하며, 재일동포들의 민족 감정을 바탕으로 조직력을 키워가고 있었고, 이는 SCAP에게는 커다란 우려 대상이었습니다.

SCAP는 재일동포 문제를 단지 일본 내부의 민족문제로 보지 않았습니다. 일본공산당, 중국공산당, 북한 등과 연결된 국제적 공산주의 운동의 일환으로 인식하고 있었으며, 조련을 그 대표적 사례로 간주했습니다. 이는 곧 조련을 직접적인 반공 정책의 대상으로 삼는 배경이

29 NATO(North Atlantic Treaty Organization)는 1949년 4월 4일에 설립된 군사 동맹으로, 미국, 캐나다, 서유럽 국가들이 주축이 되어 결성되었으며, 주요 목적은 회원국들이 외부의 군사적 위협으로부터 상호 방어하는 것이다. NATO는 냉전 시기에 소련과 동구권에 대항하는 서방의 주요 군사 동맹으로 자리 잡았고, 오늘날에도 유럽과 북미 지역의 안보를 지키는 중요한 국제기구로 활동하고 있다.

30 SCAP 내부에는 여러 부서가 있었는데, 그중 군정보부(G-2, Military Intelligence Section)가 핵심적인 정보 업무를 담당했다.

되었습니다.

일본 정부, 특히 당시 요시다 내각[31] 역시 조련의 활동에 큰 경계를 품고 있었습니다. 조련이 일본공산당과 가까운 관계를 유지하고 있는 데다, 북한과의 연계 가능성까지 드러나자, 일본 내부로 북한 혁명 세력이 유입되는 통로가 될 수 있다는 점에서 매우 민감하게 반응했습니다.

1949년 4월부터 7월 사이, 김천해 등 조련 간부들은 조련 산하 동포들의 일본공산당 집단 입당을 추진하며, 공산주의 운동을 더욱 강화하고 있었습니다. 이 시점에서 조련의 규모는 매우 컸습니다. 1949년 6월 기준, 조련 계열 조직에는 38만 8천 명 이상이 가입되어 있었고, 민단 계열은 6만 2천 명 정도에 불과했습니다. 전체 재일동포 약 60만 명 가운데 3분의 2가 조련 쪽에 가까웠던 것입니다. 청년단체 역시 조련계 민주주의청년동맹(民主主義青年同盟)[32]이 6만 명 이상으로, 민단계 건국청년회보다 월등히 많았습니다.

이에 대해 일본 정부는 본격적인 반격에 나섰습니다. 경제안정 9원칙[33]을 통해 행정과 산업 부문의 구조조정을 추진하고, 좌파 세력을 배

31 요시다 시게루(吉田茂) 내각(1946-1954)은 일본 전후 외교 정책을 주도했고, 특히 미국과의 긴밀한 관계 구축과 일본 경제의 재건을 중점적으로 추진하였다.

32 줄여서 민청. 주로 공산주의나 좌파 이념을 따르는 청년 조직이다. 1940년대 후반에서 1950년대 초반에 걸쳐 일본 내에서 활동한 조련계 청년단체로, 북한을 지지하고 일본공산당과 연계된 활동을 하며, 재일동포 청년들의 정치적, 사회적 권익을 옹호하는 역할을 했다. 당시, 민단계의 건청(재일본대한민국건국청년회)과 대립 관계에 있었다.

33 요시다 내각의 경제안정 9원칙은, 1948년 일본이 전후 경제 혼란을 극복하고 경제 재건을 위해 도입한 경제 정책으로, 미국의 주도하에 이뤄졌다. 1. 재정 적자 해소, 2. 세수 확대, 3. 공공요금 인상, 4. 인플레이션 억제, 5. 국영 기업체 개혁, 6. 수출 촉진, 7. 노동 운동 억제, 8. 생산성 향상, 9. 물자 배급 체계 개선.

제하는 '레드 퍼지(Red Purge)' 정책[34]을 펼쳤습니다. 이는 노동조합과 민족단체를 동시에 압박하는 정책이었습니다.

이런 가운데, 1948년 8월 조련 시모노세키 지부 단원들이 민단 지부를 집단으로 공격하는 사건이 발생했습니다. 이 사건은 SCAP와 일본 정부에 조련의 해산 명분을 제공했습니다. SCAP는 일본 정부에 조련과 조련 계열 청년단체인 민주주의청년동맹을 해산하라고 지시했고, 실제로 두 단체는 해산되었으며, 조련의 지도자 김천해를 포함한 간부 28명은 공직에서 추방되고, 단체의 재산도 몰수되었습니다.

일본 문부성[35]도 조련을 직접적으로 압박하기 시작했습니다. 1949년 10월 19일, 조련이 운영한다고 판단한 민족학교 92개교에 대해 '설치자 불명'을 이유로 폐쇄를 명령했습니다. 그 외 245개교에는 개조 권고를 내렸고, 이 중 128개교가 사립학교 신청을 했으나, 조련 계가 아닌 '백두학원' 계열만 인가를 받았고 나머지는 모두 불인가 처리되어 폐쇄되었습니다.

결국, 조련에 대한 일본 정부와 연합군의 대응은 단순한 행정 조치를 넘어선 정치적 탄압이었습니다. 일본 내에서 북한의 영향력을 차단하려는 냉전 전략의 일환이었고, 이는 재일동포 사회를 더욱 위축시키는 결과로 이어졌습니다.

---

34 레드 퍼지(Red Purge)는 1940년대 후반부터 1950대 초반까지 일본에서 진행된 공산주의자나 좌파 성향 인사들에 대한 대대적인 해고 및 숙청을 말한다. 이는 냉전이 본격화되면서 미국과 일본 정부가 공산주의의 확산을 막기 위해 주도한 반공주의 정책의 일환이었다.

35 문부성(文部省)은 일본의 교육, 학문, 과학 기술과 문화와 관련된 정책을 담당하던 중앙 행정기관이었다. 2001년 과학기술청과 통합되어 문부과학성(文部科学省)으로 재편되었다.

제3장

한국전쟁과 재일동포

한국전쟁은 단지 한반도 내부의 전쟁이 아니었습니다. 전쟁의 충격은 일본에 거주하던 재일동포 사회에도 큰 파장을 남겼습니다. 남한과 북한을 각각 지지하던 재일동포들은 전쟁을 계기로 더욱 분열되었고, 그로 인해 일본 사회 안에서의 재일동포에 대한 시선도 악화되었습니다. 이 장에서는 한국전쟁 발발 이후 재일동포 사회가 어떻게 반응했고, 또 어떤 일들이 벌어졌는지를 네 가지 주제로 나누어 살펴보고자 합니다.

1. 민단의 한국군 및 유엔군 지지 활동

1950년 6월 25일, 북한의 남침으로 전쟁이 시작되자 국제사회는 즉각 반응했습니다. 유엔은 6월 27일 안보리 결의를 통해 한국을 지원하기로 결정하고, 미군을 중심으로 한 유엔군이 편성되었습니다.

하지만 북한군은 서울을 빠르게 점령했고, 한때는 한반도의 90% 가까이 차지하기도 했습니다. 그 상황은 인천상륙작전[1] 이후 반전되었지만, 중국군의 참전으로 다시 전선은 38선 부근으로 되돌아갔습니다.

이 같은 긴박한 전황 속에서, 일본에 거주하던 재일동포들 역시 각자의 정치적 신념에 따라 움직이기 시작했습니다. 대한민국을 지지하던 민단은 전쟁이 발발하자 1950년 8월 5일 '재일한교자원군지도본부(在日韓僑自願軍指導本部)'를 설치했습니다. 이들은 한국군과 유엔군을 지원하기 위해 재일동포 의용병을 모집하는 활동에 나섰습니다.

처음엔 한국 정부와 SCAP 모두 의용병 모집에 대해 신중한 태도를 보였습니다. 하지만 전쟁이 장기화되고, 병력 부족이 심각해지자 의용병 파견을 주일한국대표부[2]에 요청했습니다. 1950년 9월부터 약 두 달간 820명이 지원하였고, 그들 중 다수는 짧은 훈련을 받은 후 한국전

1 1950년 9월 15일, 한국전쟁 당시 유엔군이 인천에 상륙하여 전세를 뒤집은 작전이다. 맥아더 장군이 이끄는 유엔군은 북한군이 남한 대부분을 점령한 위기 상황에서, 인천항에 기습 상륙해 서울을 탈환하고, 북한군의 보급선을 끊어 후퇴하게 만드는 결정적인 계기를 마련했습니다.

2 한국전쟁 당시 일본에 있던 한국의 공식적인 외교 기관으로, 현재의 주일대한민국대사관에 해당하는 기관이다. 1948년 대한민국 정부 수립 이후, 한국은 일본과 공식적인 외교 관계를 맺기 전까지 대표부 형식으로 외교 활동을 수행했다.

으로 파견되기도 했습니다. 이들의 활동은 단순한 병력 보충을 넘어, 재일동포들이 조국의 위기 앞에서 어떤 마음으로 행동했는지를 보여주는 상징적인 장면이었습니다.

2. 조련계의 북한 지원과 '민족전선'(민전)의 결성

한국전쟁이 발발한 뒤, 북한을 지지하던 조련계 인사들은 일본 내에서 새로운 형태의 저항과 활동을 시작했습니다. 조련이 1949년에 해산된 이후에도 그 조직적 기반은 살아 있었고, 전쟁 발발 직후에는 '조국방위중앙위원회(祖国防衛中央委員会)'를 결성하며 '조국방위대(祖国防衛隊)'라는 이름의 조직적 투쟁을 준비했습니다. 이들은 한국군과 유엔군에 대한 물자 지원을 막기 위해 일본 내 군수품 운송을 방해하거나 미군 차량을 습격하는 등 과격한 행동을 벌이기도 했습니다.

1951년 1월에는 일본공산당과 연계한 '재일본통일민주전선(在日本統一民主戦線)'이 출범하여 요시다 내각 타도, 한국전쟁 반대, 미국 반대를 외치며 전면적인 투쟁에 나섰습니다.

미국을 적대시하고 북한을 지원한 민전의 과격한 행동은 SCAP와 일본 정부와의 대립을 심각하게 격화시켰으며, 일본 사회 전체에 불안감을 안겨 주었습니다. '자이니찌[3]는 위험하다'는 인식이 퍼지기 시작했고,

3 자이니찌(在日)는 일본어로 '일본에 거주하는'이라는 의미로, 주로 일본에 거주하는 재일동포를 지칭하는 경우가 많다.

북한 간첩단과 밀무역 적발 사건도 보도되면서 재일동포를 위험한 존재로 보는 시각이 확산되었습니다. 재일동포 사회에 대한 전쟁 이전의 차별에 더해 전쟁 후 재일동포들의 소외 정도가 더욱 심각해졌습니다.

민전 내부에서도 다양한 갈등이 있었습니다. 박은철(朴恩哲)을 중심으로 한 일본공산당계 인사들, 한덕수(韓德銖)로 대표되는 '조국파(祖国派)[4]', '통일동지회(統一同志会)[5]'의 이강훈(李康勳)등의 세력이 서로 충돌하며 복잡한 내부 정치를 이어갔습니다.

3. 외국인등록증 국적 기재 문제

전쟁은 단지 무력 충돌만을 의미하지 않았습니다. 전후 체제 속에서 재일동포들이 '어느 나라 국민인가'라는 질문에 직면하게 된 것이었습니다. 1950년 1월, 외국인등록령이 개정되면서 등록증 미소지자는 형사 처벌 대상이 되었고, 등록증은 3년마다 갱신해야 하는 제도로 바뀌었습니다. 또한, 지역별 등록번호가 전국 통일번호로 변경되면서 등록 방식도 체계적으로 재정비되었습니다. 이때 국적란에 무엇을 기재할 것인가가 큰 논란이 되었습니다.

강제 해산된 조련계 사람들은 외국인등록령 개정을 강제 추방의 음

4 민전 내에서 북한과 긴밀한 관계를 맺고 활동하던 세력.

5 도쿄를 중심으로 활동하며 재일조선인 사회의 정치적 조직화를 주도했고, 이후 재일본조선인연맹(조련)의 결성에도 영향을 주었다. 신탁통치 반대와 조선민주주의인민공화국 수립 지지 등의 활동을 펼쳤다.

모라고 주장하며 각지에서 반대 운동을 벌였습니다. 일본 정부는 '조선'이라고 쓰는 것을 기본으로 했지만, 민단은 '대한민국' 혹은 '한국'으로 기재할 것을 강력히 요구했습니다. 기존의 외국인등록증에는 국적란에 출신지를 의미하는 '조선'이라고 기재되어 있었는데, 이는 독립 국가에 대한 대한민국의 존엄을 훼손하는 것이었기 때문입니다. 이 문제는 단순한 행정 문제를 넘어서, 정치적 입장 표명으로 해석되었기 때문에 재일동포 사회 내에서도 첨예한 갈등을 불러왔습니다.

1950년 기준으로 대한민국 재외국민으로 등록한 사람은 약 5만 3천 명에 불과했습니다. 1951년 말까지도 등록자 중 '한국'으로 표기한 사람은 9만 5천여 명에 지나지 않았습니다. 대다수는 여전히 '조선'으로 남아 있었고, 이는 북한을 지지한다기보다는 통일된 조국을 기다리는 사람들이 많았기 때문입니다.

1950년대 초, 일본 정부는 재일동포 문제에 대한 통제를 강화하기 위해 1950년 10월 1일 출입국관리청을 설치하고, 나가사키현에 '오무라입국자수용소(大村入国者収容所)'를 운영하기 시작했습니다. 이곳은 한국에서 밀입국한 사람들과 일본 내에서 법령을 위반한 재일동포들이 수용되는 장소가 되었으며, 이들의 석방 문제는 이후 북송 문제와도 연결되어 정치적으로 민감한 이슈로 부상했습니다.

1951년 9월 8일 체결된 샌프란시스코 강화조약을 앞두고, 한국과 일본 양국은 재일동포의 법적 지위에 대한 협의[6]를 시작했습니다. 당시

6 대한민국과 일본 간의 국교 정상화를 위한 협상(한일회담)이다. 식민지배에 대한 보상, 재일동포의 법적 지위, 청구권 문제 들이 주요 의제로 다뤄졌다. 배상 문제와 재일동포 문제 등에 대해 이견이 컸으

재일동포는 일본 국적을 형식적으로 유지하고 있었지만, 외국인등록령에 따라 외국인으로 취급되는 모순된 상태에 놓여 있었습니다. 이에 따라 1951년 10월부터 한일회담이 열려, 국적 선택권, 회복 가능한 국적의 범위, 조약 발효 이후에도 일본에 남을 재일동포의 법적 지위 설정 문제 등이 논의되었습니다.

한편 1950년 12월부터 1952년 5월까지 진행된 일련의 송환 작업에서는, 약 3,600명이 한국으로 보내졌습니다. 이 중에는 전쟁 전부터 일본에 거주했던 재일동포 445명도 포함되어 있었습니다. 그러나 1952년 5월 12일 샌프란시스코 강화조약 발효 이후 마지막 송환 과정에서, 한국 정부는 이들 중 125명의 수용을 거부했고, 이들은 다시 오무라 수용소로 역송되었습니다. 이는 국적 문제를 둘러싼 한일 간 협상이 결렬된 결과였습니다.

일본 정부는 북한을 지지하는 재일동포들과의 마찰을 우려해, 이들을 일괄적으로 한국 국적으로 인정하기보다는 '조선반도 출신 외국인'으로 간주했고, 이들이 회복하는 국적을 '조선적'이라는 형식적인 개념으로 설정했습니다. 그러나 '조선적'은 실질적으로 존재하지 않는 국적이었으며, 이는 재일동포들에게 또 다른 법적 불안을 안겨 주었습니다.

한국 정부에 재외국민등록을 한 이들은 한일회담을 통해 법적 지위의 개선을 기대했지만, 식민지 지배 청산 문제에서 양국이 합의를 보지 못하면서 진전은 없었습니다. 북한을 조국으로 여긴 재일동포들은 한

며, 여러 차례의 회담이 이어져, 결국 1965년 한일기본조약이 체결되어 두 나라의 외교 관계가 공식적으로 정상화되었다.

국 국적 등록을 국적 강요로 받아들였고, 한국으로 강제 송환될 것을 우려했습니다. 결국 재일동포들은 법적으로 '외국인'으로 확정되었고, 한국전쟁 시기의 이념 대립과 정치 투쟁으로 인해 일본 사회 내에서의 차별과 배제는 더욱 심화되었습니다.

취업과 금융 혜택에서의 불이익, 생활 보호 수급에도 불구한 빈곤 문제는 좀처럼 개선되지 않았고, 이런 사회적 배경 속에서 일부 좌파 재일동포들 사이에서 북한으로의 귀국을 모색하는 소규모 운동이 전개되기 시작했습니다.

4. 이승만 라인 설정과 일본인 억류

1952년 1월 18일, 이승만 대통령은 한국 주변 해역을 보호하겠다는 명목으로 '평화선', 즉 이승만 라인[7]을 선포하였습니다. 이 해양 경계선에는 독도도 포함되어 있었으며, 일본은 이를 국제법적으로 인정할 수 없다고 강하게 반발했습니다.

그로부터 얼마 지나지 않은 2월 11일, 제주도 남서쪽 해역에서 일본 어선이 한국 해경의 총격을 받는 사건이 발생했습니다. 이 사건을 시작으로 양국 간 어업 갈등이 본격화되었고, 13년 반 동안 326척의 일본 어선이 나포되었으며, 3,900명이 넘는 일본 선원이 억류되었고, 그 중 8

7 일본에서는 '이승만 라인(李承晩ライン)' 또는 '이 라인(李ライン)'이라 불린다.

명은 목숨을 잃었습니다.

이승만 라인은 단순한 해양 경계 선언이 아니었습니다. 전후 일본 사회에 남아 있던 대한민국에 대한 부정적 인식에 불을 붙였고, 한국과 일본 사이의 외교 문제는 보다 복잡해지기 시작했습니다.

한편, 이 시기 오무라 수용소에는 불법 입국자와 추방 대상자로 간주된 재일동포들이 수용되기 시작했습니다. 특히 북한을 지지하는 이들과 국적 문제로 송환이 거부된 사람들은 이곳에 장기간 머무는 일이 잦았습니다.

이처럼 한국전쟁은 재일동포 사회에 깊은 상처를 남겼습니다. 이념에 따라 분열된 공동체, 법적 지위의 혼란, 일본 사회로부터의 차별과 소외는 이후 북송운동의 배경이 되는 토양이 되었습니다.

제4장

재일동포의 귀국운동(1953년~1955년)

1953년 한국전쟁이 휴전으로 접어들면서, 재일동포 사회에도 새로운 변화의 기운이 감돌기 시작했습니다. 혼란과 상처 속에서 삶을 이어가던 사람들 가운데 일부는, 더 이상 일본에서의 불안정한 삶을 지속하기보다 조국으로 돌아가기를 바라는 마음을 품게 되었습니다.

특히 민전(재일본조선인민전선)은 북한과의 긴밀한 관계를 바탕으로 조국방문단을 조직하고, 북한 귀국을 위한 실질적인 활동에 나섰습니다. 하지만 일본 정부는 이러한 움직임에 대해 미온적인 태도를 보였고, 귀국을 둘러싼 갈등은 점차 심화되어 갔습니다.

한편, 일본적십자사[1]와 북한 간에도 일본인 귀환 문제를 중심으로 조심스러운 교섭이 이어졌고, 민전은 조선노동당[2]과의 연대를 강화하며 기존의 노선을 전환해 나갔습니다.

이 장에서는 조국방문단의 조직과 활동, 일본적십자사와 북한 간의 교섭, 그리고 민전이 조선노동당과 손잡고 귀국운동을 대중화해 나가는 과정을 중심으로, 귀국을 향한 재일동포 사회의 초기 움직임을 살펴봅니다.

1 일본적십자사(日本赤十字社, Nippon Sekijujisya)는 1877년에 설립된 일본의 인도주의 단체로, 국제적십자운동의 일원으로 활동하고 있다. 국제적십자위원회(ICRC, International Committee of the Red Cross)와의 협력을 통해 세계 각지의 전쟁 피해자, 난민, 인도적 위기가 발생한 지역에도 지원을 보내며 국제적 활동을 지속하고 있다.

2 조선노동당은 1946년에 설립된 북조선공산당과 남조선로동당(남로당)이 1949년에 합당하면서 생겼다. 남로당은 월북한 인사들과 함께 합쳐졌고, 김일성이 당 총비서가 되면서 실질적 권력을 장악했다.

1. 민전의 조국방문단 파견

1950년대 중반, 일본에 거주하던 재일동포들 사이에서는 북한으로 돌아가고자 하는 움직임이 다시금 고개를 들기 시작했습니다. 특히 민전(재일본조선인민주전선)은 북한과의 밀접한 관계를 바탕으로, 실질적인 귀국 운동을 조직하기 시작했습니다. 이들은 '조국방문단'을 구성해 북한 방문을 추진하며, 귀국과 왕래의 가능성을 타진하고자 했습니다.

이 시기의 귀국운동은 단지 민전의 독자적인 시도만은 아니었습니다. 종전 이후 일본에 남겨진 일본인 귀환 문제가 여전히 해결되지 않은 상황이었으며, 북한에도 적지 않은 일본인들이 남아 있었습니다. 북한에 억류된 일본인 문제를 해결하기 위한 노력이 일본 내에서 진행되던 가운데, 민전은 이를 연결고리로 삼아 재일동포들의 북한 귀국 문제를 함께 논의하려는 시도를 이어갔습니다.

1953년 8월, 민전은 제11회 중앙위원회를 열어 '조국방문단'을 결성하기로 결정했습니다. 북한의 부흥 사업에 동참하기 위한 재정 지원 계획과 함께, 전국 각지에서 선출된 대표 61명을 북한으로 파견할 계획이 세워졌습니다. 이들은 '해방전쟁 축하 재일동포 조국 방문단'이라는 이름으로 활동하게 되었으며, 여권 발급을 위한 신청을 외무성에 제출했지만 거절당했습니다.

그러자 민전은 각 지방자치단체의 외사과를 통해 개별적인 수속을 시도했습니다. 이 과정에서 나가노현(長野県)의 한 방문단원이 홍콩을 경유해 북한을 방문하고자 했지만, 외무성은 북한을 국가로 인정하지 않는다는 이유로 여권 발급을 거절했습니다. 이는 당시 일본 정부가 북한과의 공식 접촉을 차단하고 있었던 국제 정세의 단면을 보여주는 사례였습니다.

한편, 오무라 수용소에 수감되어 있던 재일동포 중 일부는 한국으로 송환된 뒤 처형당하는 일이 벌어졌습니다. 민전은 이러한 사태를 심각하게 받아들였고, 북한으로의 송환을 가능하게 하기 위한 노력에 본격적으로 나서게 됩니다. 일본 내에서 북한으로 귀국을 원하는 재일동포의 송환을 위해, 중국에 억류된 일본인이나 재일중국인의 귀국 문제, 그리고 북한에 남은 일본인의 귀환 문제와 연계하여 접근하는 전략이 추진되었습니다.

그러나 이와 같은 움직임에 대해 일본 정부는 단호한 태도를 보였습니다. 민전의 조국방문단에 대한 도항 허가를 끝내 내주지 않았으며, 여권 발급도 일관되게 거절했습니다. 그뿐만 아니라, 일본공산당 역시 민전의 귀국운동에 비판적인 입장을 보였습니다. 이들은 김일성이 제시한 '조선의 평화통일과 독립, 경제 재건'이라는 목표는 귀국이 아닌 투쟁을 통해 달성되어야 한다며, 귀국운동 자체에 부정적인 시각을 드러냈습니다.

2. 일본적십자사와 북한

1953년 11월 9일, 모스크바에서 열린 회담[3] 자리에서 일본적십자사는 소련적십자사[4]에 간절한 요청을 전달했습니다. 제2차 세계대전 이후 오랜 시간 소식이 끊긴 일본인들의 생사와 소재를 확인해 달라는 것이었습니다. 특히 북한과 몽골에 남아 있는 일본인들에 대한 안부를 물었고, 가능한 경우 그들의 귀국을 도와주기를 바랐습니다.

그러나 소련적십자사는 이 요청에 대해, 해당 문제는 각 국가의 적십자회와 직접 교섭해야 한다며 한발 물러섰습니다. 이후 같은 해 11월, '정전축하일본인민평화친선사절단'이 일본인으로서는 전쟁 이후 처음으로 북한을 방문하게 되었습니다. 이 방문은 상징적인 의미를 담고 있었고, 민간 차원에서의 북일 교류의 실마리를 여는 계기가 되었습니다.

1954년 1월 6일, 일본적십자사는 다시 한번 움직였습니다. 이번에는 제네바에 본부를 둔 국제적십자연맹을 통해 조선적십자회[5]에 공식적인 전보를 보냈습니다. 그 내용은 이렇습니다. "북한에 남아 있는 일본

3 1953년 11월 9일 모스크바 회담에서는 소련, 중국, 북한이 만나 전쟁 후 북한 재건과 동북아 정세를 논의했다. 소련과 중국은 북한에 대한 지원을 약속했고, 이는 김일성이 권력을 공고히 하는 계기가 되었다.

4 소련적십자사(USSR Red Cross)는 러시아 제국 시기인 1867년에 설립된 제국적십자를 계승해 1918년에 설립되었다. 소련적십자사는 국제적십자사운동의 일원으로 활동하며, 국내외 재난 구조, 보건·의료 지원, 전쟁 포로와의 연락 중개 등의 역할을 해왔다. 북송사업 당시에는 일본에서 북한으로 향하는 북송선이 소련 나호트카항을 경유해야 했기 때문에, 실무적으로 중요한 협력 주체 중 하나였다.

5 조선적십자회(조선민주주의인민공화국 적십자회)는 북한에서 활동하는 적십자사로, 1946년에 설립되었다. 북한의 적십자회는 북한 정부의 정책에 따라 활동하는 특성을 가지며, 북한 내 인도적 지원과 함께 북한과 외부 세계 간의 소통 창구로도 기능해 왔다. 다만, 정치적 상황에 따라 국제적 활동에 제약이 있는 경우도 많아 다른 나라의 적십자 단체들과 비교해 제한적인 역할을 하는 경우가 많다.

인들의 안부를 확인하고, 귀국을 희망하는 사람들에게 교통 편의를 제공해 달라. 그리고 만일 귀국이 가능하다면, 일본 내에서 북한으로 귀국을 희망하는 이들의 송환도 함께 추진하겠다."

이 전보에 대한 답신은 한 달 후인 2월 9일, 적십자연맹을 통해 조선적십자회로부터 도착했습니다. 답신에는, "북한에 체류 중인 일본인은 매우 소수이며, 그 중 귀국을 희망하는 사람들에 대해서는 귀국을 지원할 수 있다"라는 내용이 담겨 있었습니다. 하지만, 정작 일본 내 북한 귀국 희망자, 즉 재일동포들의 귀국 문제에 대해서는 아무런 언급이 없었습니다.

이에 따라 일본적십자사는 다시 요청을 보냈습니다. 북한에 있는 일본인의 구체적인 명단을 제공하고, 그 가족과의 서신 연락을 허가해 줄 것을 요청한 것이었습니다. 그러나 그에 대한 북한 측의 회신은 끝내 오지 않았습니다.

이 과정은 일본적십자사와 북한 간의 민간 차원에서의 교섭이 얼마나 제한적인지 보여주는 장면이었습니다. 일본 정부가 외교적으로 북한을 인정하지 않는 상황 속에서, 적십자사를 통한 인도적 접근조차 쉽게 실현되지 않았던 것입니다.

한편, 북한의 조선적십자회가 일본인 귀국에 대해 긍정적인 태도를 보였다는 점은 이후 전개될 재일동포의 북송 운동에 일정한 영향을 미치게 됩니다. 그러나 이 당시에는 재일동포의 귀국에 대한 논의가 본격화되지는 않았고, 여전히 일본인 귀환 문제가 중심에 놓여 있었습니다.

3. 민전과 조선노동당과의 관계

1953년 8월 이후, 민전이 본격적으로 전개한 귀국 운동은 시간이 지나면서 새로운 방향으로 나아가게 됩니다. 1955년 전반기에 이르러, 민전은 기존의 활동 방식에서 벗어나 하나의 큰 전환점을 맞이하게 됩니다. 바로 '조선총련[6]'이라는 조직으로 발전적으로 해소되며 북한 귀국 운동 역시 재편되는 과정을 밟게 됩니다.

이 과정에서 눈여겨볼 점은 민전이 일본공산당의 지도를 벗어나 북한의 조선노동당과 더욱 밀접한 관계를 맺게 되었다는 점입니다. 그 중심에는 '조국파'라 불리던 인물들이 있었고, 그중 가장 대표적인 인물이 바로 한덕수였습니다.

한덕수는 1907년 경상북도 경산에서 태어났고, 1927년 일본으로 건너와 일본대학 예술학과에 입학했지만 중퇴했습니다. 그 뒤로는 일본공산당에 가입해 전쟁 전에는 노동운동을, 전쟁 이후에는 북한으로 밀항하여 김일성과 직접적인 인연을 맺게 됩니다. 이후 그는 북한의 조국전선중앙위원[7]으로도 활동하며, 일본 내 조선인 운동의 방향을 바꾸는 데 결정적인 역할을 합니다.

한덕수는 일본공산당의 극단적이고 희생을 요구하는 투쟁 방식에 대해 비판적인 시각을 가지고 있었습니다. 그는 일본 사회에서 재일동

---

6 재일본조선인총연합회(조총련)는 1955년 5월 25일 북한을 조국으로 삼는 재일동포들이 중심이 되어 결성되었다.

7 조국통일민주주의전선의 중앙 조직으로 조선통일민주주의전선의 최고 의사결정 기구로서, 주요 전략과 정책을 결정하며, 북한의 통일과 관련된 정치적 활동을 조정하는 역할을 맡고 있다.

포가 혁명운동의 도구로 사용되는 방식에 회의를 품었고, 대신 북한과의 직접적인 연대를 통해 재일동포의 삶을 개선하고자 했습니다. 북한 중심의 조국 지향적 노선으로 선회한 것도 이런 배경 때문이었습니다.

1953년 3월, 소련의 스탈린이 사망하고 말렌코프 수상이 평화 공존 노선을 제시하면서, 공산권 국가들의 외교 노선에도 변화의 조짐이 보였습니다. 중국도 인도차이나 문제[8]와 한국 문제를 논의하는 제네바 회의(1954년4월~7월)[9]에 참여하면서 국제사회에 복귀했고, '평화 5원칙[10]'을 내세우며 외교에서 한층 유연한 태도[11]를 취하기 시작했습니다. 이 같은 변화는 북한의 외교 전략에도 영향을 미쳤고, 일본 내 재일동포 운동의 방향에도 큰 파장을 주었습니다.

1954년 8월 30일, 북한의 외무상이었던 남일(南日)은 일본 정부에 대한 강력한 성명을 발표했습니다. 그는 일본이 재일동포에게 한국 국적을 강요하고 강제 추방을 시도하며, 재산과 교육의 자유를 박탈했다고

---

8 1954년 제네바 회의에서는 제1차 인도차이나 전쟁의 종식을 위한 협상이 이루어졌으며, 그 결과 베트남을 북위 17도선을 기준으로 남북으로 분할하고 향후 자유 총선을 통해 통일 정부를 수립하기로 합의하였다. 이와 함께 라오스와 캄보디아의 독립이 인정되었고, 프랑스는 인도차이나에서 철수하기로 결정되었다.

9 1953년 7월 27일 정전 협정이 체결되었지만, 공식적인 평화 조약이 체결되지 않았다. 제네바 회의에서는 한반도의 평화적 통일과 정치적 해결 방안을 논의하는 것이 목표였으나, 한국은 자유 선거를 통한 한반도 통일을 주장했고, 북한은 소련과 중국의 지원을 받아 자신들의 입장을 고수하면서 별다른 결론을 내지 못하고, 한반도는 분단 상태로 남게 되었다.

10 1954년 중국과 인도 간의 협정을 통해 제안된 국제 관계의 기본 원칙으로, 국가 간의 평화적인 공존을 강조한다. 특히 냉전시기 국제사회에서 평화적 관계를 유지하는 데 중요한 이념으로 자리잡았으며, 중국과 다른 국가들이 평화적 정책을 펼치는 근거로 사용되었다. 1. 상호 주권 존중, 2. 상호 불침략, 3. 내정 불간섭, 4. 평등과 상호 이익, 5. 평화적 공존

11 특히 공산주의 국가들이 주도한 외교 전략이다. 평화 공존, 평화 협상, 평화 회담 등의 형태로 나타났다.

비판했습니다. 그는 일본 정부가 재일동포를 북한의 공민으로 인정하고, 그들의 모든 권리를 보장해야 한다고 주장했습니다.

이 성명은 당시 한일회담에서 한국 정부가 재일동포를 '한국 국적자'로 규정하려 했던 시도를 견제하는 의미도 담고 있었습니다. 또한, 이는 일본공산당이 재일동포를 일본 내 혁명 주체로 간주하고 지도했던 노선에도 정면으로 반하는 발언이었습니다.

같은 해 10월 12일, 소련과 중국은 '대일관계에 관한 중소 공동선언'을 발표했고, 곧이어 중국 적십자 대표단이 일본을 방문하여 '평화 5원칙'을 강조했습니다. 이들은 외국의 내정에 간섭하지 말고, 해당 국가의 법과 문화를 존중해야 한다는 메시지를 분명히 했습니다. 이처럼 공산권 국가들의 입장이 변화하면서, 일본 내 운동도 더 이상 과격한 방식이 아닌, 국교 정상화와 평화 공존을 지향하는 방향으로 전환할 수밖에 없었습니다.

1955년에 들어서면서, 일본공산당도 이 흐름에 맞춰 자신들의 방침을 수정했습니다. 같은 해 2월 25일, 북한의 남일 외무상은 국교 정상화 의지를 밝히며 일본에 손을 내밀었습니다. 이에 대해 일본공산당은 적극적으로 지지를 표하며, 기존의 방식으로 진행되던 재일동포 운동이 오히려 국교 정상화를 방해할 수도 있다고 판단하게 됩니다. 결국 일본공산당은 민전에도 "운동 방식을 근본적으로 바꾸고, 북한과의 국교 정상화를 목표로 해야 한다"고 권고합니다.

이러한 흐름 속에서, 민전은 조선총련으로의 발전적 해소를 결의하며 새로운 시대를 준비하게 됩니다. 그동안 조선노동당과의 연대 속에서 추진되어 온 귀국 운동은 이제 북한과의 관계 강화, 그리고 국교 정상화를 중심으로 방향을 전환하게 되었습니다.

4. 민전과 해방신문

1955년 2월 27일, 일본적십자의 구도(工藤) 외사부장이 〈해방신문[12]〉 기자와 나눈 인터뷰가 3월 3일자 지면을 통해 세상에 알려졌습니다. 그날 인터뷰의 화두는 바로 '북한으로의 귀환 문제'였습니다. 구도 외사부장은 "북한에 남아 있는 일본인의 귀국이 꼭 실현되기를 바란다"고 밝히며 조심스럽게 자신의 뜻을 전했습니다.

기자가 질문을 이어갔습니다. "북한의 남일 외무상이 발표한 성명에서, 경제와 문화의 구체적인 교류를 통해 상호 이해와 친선이 깊어질 수 있다고 했는데, 이에 동의하십니까?" 이에 대해 구도 외사부장은 고개를 끄덕이며 답했습니다. "맞습니다. 일본은 무역 없이는 살아갈 수 없고, 아무리 미국이라 해도 이를 막을 수는 없습니다. 무역이 이루어지면 사람들의 왕래도 자연스럽게 활발해질 것입니다."

기자는 다시 한번 물었습니다. "현재 오무라 수용소에 있는 사람들 중 북한으로 귀국하길 희망하는 이들이 있습니다. 이 문제에 대해 어

12 해방신문은 1946년 10월 10일 '재일본조선인연맹(조련)'에 의해 창간되어 북한의 정치적 이념과 입장을 대변하는 기관지 역할로 시작하였다. 이후 1955년 '재일본조선인총연합회(조총련)'가 결성된 후, 총련의 공식 기관지 역할을 이어갔다.

떻게 생각하십니까?" 구도 외사부장은 신중하게 말을 이었습니다. "재일조선인들이 조국으로 돌아가기를 희망하는 건 당연한 일입니다. 하지만 이승만 정권과의 외교 관계, 그리고 귀국 희망자 수 문제 등 복잡한 사정이 있어서 정부가 선박을 제공하는 것은 아직 어렵습니다."

이 인터뷰가 실린 바로 그날, 〈해방신문〉은 민전 산하의 '재일조선해방구원회(在日朝鮮解放救援会, 해구)'가 북한으로의 귀국 운동을 본격적으로 시작했다는 기사를 함께 실었습니다. 제목은 이렇게 시작했습니다. "*귀국희망자의 조사개시… 해구, 대중적 요구운동으로.*" 그간 제한적이고 정치적이었던 귀국 논의가, 점차 민중의 삶과 연결되는 대중 운동으로 확산되고 있음을 보여주는 신호탄이었습니다.

이 기사는 특히 민전의 내부 노선 전환이라는 역사적 흐름 속에서 해구가 새로운 움직임을 취하고 있음을 부각했습니다. 재일동포 중에는 일본 사회에서 기술과 기능을 제대로 발휘할 기회를 얻지 못한 이들이 많았습니다. 그들은 차별과 냉대 속에서 자리를 잡기 어려웠고, 그런 현실에서 벗어나 '조국의 건국'에 기여하겠다는 열망을 품는 사람들이 하나둘씩 나타났습니다.

해방신문은 이어, 귀국 희망자에 대한 조사를 해구가 지역 단위로 실시하고 있으며, 이를 통해 실질적인 귀국 추진 기반을 마련하고 있다고 보도했습니다. 그리고 1955년 4월 5일자 기사에서는 "조일 국교 조정 운동에 '귀국운동'을 적극 조직하자"라는 제목으로, 민전 내부에서 이 운동이 조직적으로 추진되고 있음을 전했습니다.

귀국을 바라는 사람들의 목소리는 점차 모이기 시작했고, 1955년 5

월 20일 도쿄에서 '귀국희망자 회의'가 열릴 것이라는 소식도 〈해방신문〉을 통해 알려졌습니다. 이 회의는 일본공산당과 민전 내 민족대책부(민대파)가 억눌러왔던 귀국운동을 비판하며, 민족적 자각과 조국 건설 참여를 촉구하는 흐름을 반영하는 자리였습니다.

그리고 마침내 1955년 5월 24일부터 26일까지, 도쿄에서는 민전의 임시 제10회 대회가 열렸습니다. 이 자리에서 민전은 스스로를 해체하고, 북한과의 관계를 더욱 공고히 하는 새로운 조직, '조선총련'으로의 발전적 해소를 결의하게 됩니다. 이는 단순한 조직 개편이 아닌, 재일동포 사회가 앞으로 걸어가게 될 방향을 크게 바꿔놓는 전환점이었습니다.

이처럼 〈해방신문〉은 민전의 귀국운동이 단순한 이념 운동을 넘어, 재일동포 개개인의 삶과 꿈이 얽힌 대중 운동으로 확산되는 과정을 충실히 기록했습니다. 그것은 누군가의 조국으로 돌아가고자 하는 간절한 희망이자, 동시에 새로운 시대를 여는 하나의 발걸음이기도 했습니다.

제5장

조선총련과 북송운동(1955년~1958년)

1955년, 조선총련이 결성되면서 재일동포들의 북송운동[1]은 새로운 전기를 맞이하였습니다. 북한으로 돌아가 조국의 부흥에 이바지하겠다는 열망은 점차 현실적인 움직임으로 나타났고, 그 과정에서 다양한 조직과 인물들이 활동을 벌였습니다. 특히 오무라 수용소에서는 귀국을 둘러싼 이념 갈등이 날로 격화되었으며, 북한과 일본 양측은 외교적·인도적 방식으로 문제를 풀기 위한 노력을 이어갔습니다.

이 장에서는 조선총련의 결성과 함께 시작된 북송운동, 오무라 수용소에서 발생한 사건들, 일조(日朝)협의 및 적십자의 활동, 북한의 대응, ICRC(국제적십자위원회)의 역할, 그리고 '48명'의 시험적 집단 귀국 사례와 그에 따른 파장을 중심으로, 1955년부터 1958년까지의 귀국운동 전개 과정을 따라가 보고자 합니다.

1 일본에서는 조총련이 주도한 이 운동을 공식적으로 '귀국운동'이라고 불렀다. 이는 북한을 조국으로 보는 조총련의 관점을 반영한 용어이다. 한국이나 제3자의 입장에서는 '북송운동' 또는 '북송사업'이라는 표현이 더 중립적이고 실제 행선지를 드러내는 명칭으로 사용된다.

1. 조선총련 결성과 북송운동

1955년 5월, 재일본조선인민주전선(민전)이 해산한 바로 다음 날, '재일본조선인총연합회(在日本朝鮮人聯合会)', 줄여서 조선총련이 결성되었습니다. 5월 25일부터 26일까지 열린 결성대회에는 468명의 대의원과 470명의 방청자가 참석했습니다. 회장 전면에는 김일성 초상화가 걸렸고, 북한 국기와 함께 '경애하는 지도자 김일성 원수 만세!', '영광스러운 조국 조선민주주의인민공화국 만세!'라는 구호가 내걸렸습니다. 대회의 분위기 역시 전날과는 전혀 달랐습니다. 일본식 행사에서 북한식 정치 집회로 일거에 전환된 것입니다.

대회 선언에서는 김일성을 중심으로 단결할 것을 강조하며, 미국과 이승만 정권에 맞서 싸우자는 구호도 함께 제시되었습니다. 조선총련은 북한의 공민으로서, 북한의 방침에 충실한 활동을 펼치겠다는 입장을 천명했습니다.

결성 직후인 1955년 6월, 조선총련은 귀국대책위원회를 설치하고 귀국 희망자에 대한 실태조사를 추진하기로 하였습니다. 이어 7월 15일에는 '조선인 귀국 희망자 도쿄대회'를 열었습니다. 전국 각지에서 모인 북한 귀국 희망자 415명이 참석하였으며, 도쿄 지역에서만 약 100명이 참가한 것으로 알려졌습니다.

이 시기 귀국을 희망한 사람들 대부분은 북한의 상황이 결코 녹록지 않다는 점을 잘 알고 있었습니다. 하지만 일본 사회에서 차별과 배제를 겪으며 살아가던 이들에게 북한은 조국 재건에 기여할 수 있는 새로운 터전이었습니다. 과학자와 기술자들 중에는 일본에서 힘겨운 삶을 이어가기보다는 조국 부흥이라는 대의에 몸을 보태겠다는 이들도 적지 않았습니다. 자녀의 교육 문제와 생활 여건을 이유로 귀국을 결심한 사람들도 있었습니다. 이때는 아직 '지상낙원[2]'이라는 대대적인 선전이 시작되기 전이었습니다.

같은 해 7월 15일, 일본 국회의 중의원 외무위원회에서는 북한 귀국 문제를 주제로 참고인 질의가 이루어졌습니다. 이 자리에는 귀국 희망자 221명의 명부가 제출되었고, '재일조선인자연과학기술자협회(在日朝鮮人自然科学技術協会)' 회장인 홍등(洪登) 과 여성 대표가 참고인으로 참석했습니다. 외무성의 나카가와(中川) 아시아 국장은 "재일 조선인이 일본에서 출국할 자유를 박탈하는 것은 옳지 않다"며, 북한으로 돌아가고 싶다면 이를 허용하겠다고 밝혔습니다. 다만 일본 정부가 선박을 제공하는 문제는 한일 관계를 고려해 어렵다는 입장을 덧붙였습니다.

이러한 분위기 속에서 1955년 8월 28일, 해방 10주년을 기념하기 위해 조선총련 산하 조국방문단 소속의 4 명이 출국[3] 했습니다. 형식상 방문단이었지만, 실질적으로는 귀국에 가까운 사례였습니다.

---

2 조총련은 북송운동을 추진하며 북한을 '지상낙원'이라 선전했다. 북한에서는 차별이 없고 교육·의료·주거가 무상으로 제공된다는 내용을 중심으로, 일본 사회에서 차별받던 재일동포들에게 이상적인 삶의 터전처럼 묘사했다. 이러한 선전은 귀국을 유도하는 핵심 수단으로 활용되었다.

3 공식적인 경로가 없으므로 이들은 홍콩 경유로 중국에서 육로를 이용했다.

2. 오무라수용소 사건과 일본 정부의 대응

나가사키현 오무라시에 위치한 오무라입국자수용소는 1950년대 일본 정부가 불법 입국자와 퇴거 강제 대상자를 수용하기 위해 설치한 시설이었습니다. 이곳에는 외국인등록법 위반자, 금고형 이상(집행유예 제외)을 선고받은 자, 마약 관련 범죄자, 일본의 공공안전을 해치는 인물 등 다양한 범주의 재일동포들이 함께 수용되었습니다.

1955년 7월 27일, 수용소 내에서는 이념 갈등이 표면화된 사건이 발생했습니다. 한국을 지지하는 수용자(한국지지파)들이 북한 지지자들(북한지지파)과 같은 건물에 수용되는 것을 반대하며, 분리 수용을 요구하고 앉아서 시위를 벌였습니다. 이로 인해 31명이 격리 조치되었습니다. 이 사건은 오무라 수용소 내 '남한계' 와 '북한계' 수용자들 간의 긴장을 본격화하는 계기가 되었습니다.

같은 해 9월 12일, 조선총련 중앙 의장단의 김성률(金性律)이 오무라 수용소를 방문하였습니다. 그는 수용자들에게 "자유로운 의사에 따라 북한으로 귀국할 수 있다"고 전하며 귀국 의사를 밝힐 것을 권유하였습니다. 이 발언 이후 실제로 많은 수용자들이 북한으로의 귀국 의사를 밝히기 시작했습니다.

하지만 이념 갈등은 점차 격화되었습니다. 11월 18일에는 '남한계' 수용자 10여 명이 '북한계' 수용자인 장동근(張東根)을 폭행하는 사건이 발생했고, 며칠 후 그는 사망에 이르게 되었습니다. 관련자 중 2명은 징역형을 선고받았습니다.

11월 29일, 북한 귀국을 희망하는 40명 이상의 수용자들은 김일성과 일본 입국관리국장 앞으로 혈서를 써 귀국을 호소하는 탄원서를 보냈습니다. 그리고 12월 22일에는 '남한계' 수용자들이 수용실 안에 걸려 있던 북한 국기를 찢는 사건이 일어나기도 했습니다.

조선총련은 '오무라 동포 월동 구원 운동'을 펼치며 현금과 의류를 수용자들에게 전달하려 했지만, 12월 31일 구호물자 분배 과정에서 다시 갈등이 발생했고, 이 과정에서 한국계 수용자들이 북한계 수용자들을 집단 폭행하는 사건이 벌어졌습니다.

1955년 12월 29일, 북한의 남일 외상은 성명을 통해 일본 정부가 테러분자의 활동을 방조하고 있으며, 북한 귀국 희망자를 인질 삼아 남한에 억류된 일본 어민과 교환하려 한다고 비난했습니다. 1956년 1월 9일, 일본 정부는 북한 귀국 희망 수용자들을 다른 수용소로 분리 조치하였지만, 수용소 내 이념 갈등은 계속되었습니다.

이후에도 귀국 의사를 철회한 김덕황(金德凰)이 북한계 수용자로부터 폭행을 당하는 등 사건은 잇따랐으며, 이로 인해 8명의 관련자가 기소되는 일이 벌어졌습니다. 오무라 수용소는 단순한 행정 수용소가 아니라, 당시 재일동포 사회의 이념적 균열과 긴장이 집약된 상징적 공간이었습니다.

3. 일조협의와 일조우호 운동

1955년 3월 26일, 일본 중의원[4] 예산위원회에서 하토야마 이치로(鳩山一郎) 수상과 시게미쓰 마모루(重光葵) 외상은 대북 관계 개선에 대해 긍정적인 답변을 내놓았습니다. 이로 인해 북한은 북한에 남아 있는 일본인 귀환 문제를 본격적으로 다루기 시작했습니다.

같은 해 4월, 인도 뉴델리에서 열린 아시아 제국 회의와 인도네시아 반둥에서 개최된 아시아·아프리카 회의를 계기로, 북한과 일본의 관계자들이 접촉하게 되었습니다. 이 자리에서 북한 대표는 일본 측에 북한이 일본인 송환을 준비하고 있다는 입장을 전달했습니다. 이는 북한에 남아 있는 일본인의 가족이 회의 출발 전 일본 대표에게 명부와 상황 설명서를 전달해달라고 부탁하면서 성사된 일이었습니다.

이어진 5월, 하타나카 마사하루(畑中政春)가 이끄는 일본 대표단은 뉴델리 아시아 제국 회의 참석 후 중국을 거쳐 귀국하기 전 북한을 방문하였습니다. 이 방문은 일조협회[5](日朝協会)의 탄생과 더불어 일조우호운동의 전환점을 마련한 계기가 되었습니다.

1955년 10월, 일본 국회의원 방문단이 두 차례에 걸쳐 북한을 방문

---

4 일본 국회의 양원제 중 하나로 하원에 해당하며, 국민이 직접 선출하는 입법기관으로 참의원(상원, 임기 6년)보다 강한 권한을 가진다. 임기는 4년이나 해산될 수 있다.

5 일본과 조선(북한) 간의 교류와 협력을 촉진하기 위해 설립된 단체로, 일본과 북한 사이의 외교적, 경제적, 문화적 교류를 활성화하고 양국 관계의 증진을 목표로 활동했다. 특히, 1950년대에서 1960년대 사이에는 일본과 북한 간의 관계가 공식 외교 관계로 발전하지 않은 상황에서 일종의 비공식적인 창구 역할을 했다.

한 것은 당시 일본 정치권의 대북 접근 분위기를 보여주는 중요한 사건이었습니다. 첫 번째 방문은 10월 18일부터 20일까지였으며, 사회당 소속 국회의원 7명과 노동당 의원 1명 등으로 구성된 대표단이 평양을 방문했습니다. 이들은 북한 당국과 잔류 일본인 문제를 논의하며 48명의 귀국 희망자 명단을 전달받았습니다.

두 번째 방문은 10월 26일부터 29일까지 이뤄졌으며, 이때는 정치뿐만 아니라 경제, 문화, 교류 문제 전반에 대해 북한 측과 공식적으로 논의했습니다. 특히 '양국 교민의 자유로운 왕래'와 '양국 어민의 자유 어업 활동 보장' 등이 포함된 공동 성명이 발표되면서, 일본과 북한의 관계 개선 가능성이 본격적으로 거론되기 시작했습니다.

이후 고야 사다오를 비롯한 대표단은 귀국 직후 외무성 차관을 방문해 김일성과의 면담 내용을 공유하고, 일본적십자사와 함께 북한에 대표단을 파견할 것을 요청했습니다. 이를 계기로 일본 내 일조우호운동이 확산되었고, 실질적인 귀국 추진 논의가 활기를 띠게 되었습니다.

1955년 11월 1일과 2일에는 도쿄에서 일조협회의 제1회 전국대회가 열렸습니다. 이 자리에서 하타나카 마사하루가 이사장으로 선출되었으며, 일조협회는 북한과의 교류 강화를 위한 실질적인 조직으로 자리매김하게 됩니다. 하타나카는 아사히신문 모스크바 특파원 출신으로 소련 공산주의에 우호적인 태도를 보여, 공직추방(레드 퍼지)의 대상이 되었던 인물이기도 했습니다.

북한은 이러한 일조협회 활동을 지지하며 다양한 후원을 아끼지 않았습니다. 특히 북한 출판물을 대량으로 무상 제공했고, 일조협회는 이를 통해 모금 활동을 벌여 자금을 확보했습니다. 이 자금은 후속 활동의 기반이 되었으며, 협회는 점차 공산권과의 교류 중심 조직으로 성장했습니다. 이러한 협회 활동이 일본공산당의 대북 방침과 밀접히 연계되어 있었기 때문에, 일본의 공안 당국은 일조협회를 공산당 산하 단체로 간주하게 되었습니다.

1955년 11월 3일, 조선적십자는 일본적십자사에 공식 통보를 보내어, 일조협회 대표를 일본 측 대표단에 포함시키는 것이 적십자 정신에 어긋나지 않으며, 조속한 파견을 요청한다고 밝혔습니다. 이 요청은 일본 내의 보수층에는 부담이었지만, 진보진영과 사회당을 중심으로는 인도주의적 협력이라는 논리로 지지를 받기도 했습니다.

이처럼 1955년 후반기, 일조협회와 일본적십자사를 중심으로 북한과의 인도적 협의가 본격화되며, 재일동포 귀국 문제는 점차 국제적 이슈로 확산되어 가는 단계에 접어들게 됩니다.

4. 일본적십자사의 개입

1955년 7월 1일, 일본적십자의 외사부장으로 취임한 이노우에 마쓰타로(井上益太郎)는 북한에 남은 일본인과 재일동포의 귀국 문제를 담당하는 핵심 인물이었습니다. 그는 도쿄대학을 졸업한 뒤 외교관으로서의 경력을 쌓았으며, 외무성 아시아2과에서 중국 공산당에 대한 연구를 주도했던 엘리트 관료였습니다.

그해 9월 27일과 29일, 이노우에는 제네바에서 열린 국제적십자위원회[6](ICRC) 간부 회의에 참석하여, "북한과의 귀국 문제는 한국과의 민감한 관계 때문에 신중히 다뤄져야 한다"고 강조하였습니다. 특히 "재일조선인의 귀국이 실행될 경우, 이승만 라인 문제까지 다시 불거질 수 있다"는 점을 지적하며 우려를 표명하였습니다.

이노우에는 또한, ICRC와의 협력을 통해 중립성과 공정성을 확보하고자 했습니다. 그는 ICRC 대표 위원이 일본에서 출항하는 귀국선에 동승할 수 있는지 여부를 타진했고, 이에 대해 ICRC는 협력 의사를 밝히며 긍정적인 입장을 보였습니다. 또한, 이노우에는 한국을 경유하는 방안을 한국 정부에 조회했으나, 한국 측은 이를 거절했고, 이에 ICRC는 해상 루트를 이용하라는 답변을 내놓았습니다.

하지만 북한과의 접촉은 단순한 인도적 문제를 넘어, 정치적 문제로도 이어질 수 있는 사안이었습니다. 이노우에는 북한이 귀국 문제를 통해 소련과 중국과의 연계를 강화하고, 일본과의 문화 교류 및 무역 확대, 나아가 외교관계 수립까지도 염두에 두고 있다고 분석하였습니다. 그는 일본공산당 내에도 일조협조를 담당하는 별도의 조직이 있을 가능성을 언급하며, 북한과의 교섭이 단순한 인도주의적 논의를 넘어 정치적 전략의 일부임을 경계하였습니다. 그리고 북한과의 국교 정상화를 목적으로 일조협회가 일본 측 대표단에 포함된다면, 한국의 강한 반발을 초래할 것이라고 강조했습니다.

6 국제적십자위원회(International Committee of the Red Cross)는1863년 설립된 중립적 인도주의 기구로, 전쟁 피해자와 억류자 보호 및 국제인도법 수호를 목적으로 활동한다.

이러한 상황에서 일본적십자사는 일본 정부와의 협의를 거쳐, 일본인 귀국을 우선적으로 실현하기 위해 조선적십자의 요구를 수용하기로 입장을 바꾸게 됩니다. 이 과정에서 일조협회의 임원 3명 중 1명이 사직하고, 일본적십자사의 외부 직원(촉탁)으로 위촉되어 대표단에 동행하게 되었습니다. 이는 일조협회가 직접 대표단에 포함되는 것에 대한 우려를 해소하기 위한 조치였습니다.

그러나 이러한 움직임은 한국 정부의 강한 반발을 불러일으켰습니다. 한국 정부는 일본이 북한과 협정을 맺고 귀국 문제를 추진하는 것은 한국에 대한 비우호적 행위라며 비판하였고, 귀국촉진대표단에 정치 활동과 연계된 인사가 포함되어 있다는 점도 문제 삼았습니다.

이처럼 일본적십자는 귀국 문제를 인도주의적으로 풀어가려는 노력을 기울였지만, 한국과 북한 사이에 끼인 미묘한 외교적 균형 속에서 어려운 결정을 내려야 했습니다. 그들의 활동은 이후 국제적십자위원회(ICRC)와 협력하여 재일동포 귀국 문제를 본격적으로 다루는 초석이 되었습니다.

5. 김일성 정권의 귀국자 수용 정책

1955년 10월, 북한을 방문한 고야 방문단에게 김일성과 남일 외상은 중요한 메시지를 전하였습니다. 북한은 재일동포들 가운데 귀국을 희망하는 이들을 적극적으로 수용하겠다고 밝힌 것입니다. 당시 북한은 한국전쟁이 끝난 뒤 본격적인 경제 재건에 착수한 상태였습니다. 1954년부터 시작된 '경제복구발전 3개년 계획' 아래, 북한은 중국과 소련의 지원을 받아 중공업을 우선시하며 경공업과 농업을 병행하는 경제 체제를 구축하려 하고 있었습니다. 이러한 국가 재건을 위해 인력과 기술이 절실히 필요한 시기였습니다.

북한 측의 이 같은 태도 변화에 따라, 일본 외무성 아시아국 제5과는 1955년 12월 15일, '북한으로의 귀환 희망자 송환 문제 처리 방침'을 수립하였습니다. 이전까지 일본 정부는 한일 국교 정상화를 우선시하면서 북한으로의 집단 귀국을 허용하지 않았습니다. 하지만 이제는 그 방침에 변화를 주기로 한 것입니다. 일본 정부는 재일 중국인의 귀국 사례[7]에서처럼, 일본적십자사가 귀국 절차를 담당한다면 한국과의 정치적 마찰을 어느 정도 회피할 수 있으리라고 판단하였습니다. 다소의 부담이 따르더라도, 북송을 허용하는 것이 전체적인 국익 차원에서 바람직하다고 결론지었습니다.

그 즈음인 1955년 12월 29일, 북한의 남일 외상은 '재일 조선 공민[8]의 합법적 권리 보장'이라는 제목의 성명을 발표하였습니다. 그는 이 성명에서 "오무라 수용소에 억류된 재일 조선 공민들이 부당하게 감금되어 있다"고 주장하며, 그들의 안전과 민족 교육, 생계 보장을 촉구하였습

7 일본적십자사는 1950년대 초 재일 중국인(대만 국적자)의 귀환 문제에도 관여한 적이 있다. 당시 일본 내에 거주하던 재일 중국인 중 일부가 중화인민공화국(중국 본토)으로 돌아가길 원했고, 이에 따라 1952년부터 일본적십자사와 중국적십자사 간 협의를 통해 귀환이 이루어졌다.

8 사회주의나 공산주의 체제에서 주로 사용되며, 단순히 국적을 가진 사람이라는 의미를 넘어 국가에 충성하고 권리와 의무를 수행하는 모범적 시민이라는 정치적 의미가 강하게 담겨 있다.

니다. 나아가 이 문제 해결을 위해 조선적십자가 일본에 대표단을 파견하겠다는 의사를 공식적으로 통보하였습니다.

1956년 1월 11일, 조선총련은 '오무라 수용소 수용자에 관한 위원장 담화'를 발표하여, 조선적십자 대표단의 파견 제안을 받아들이고 귀국을 원활히 진행할 수 있도록 일본 정부에 협조를 요청하였습니다. 담화문에서는 오무라 수용소에 약 1,800여 명이 억류되어 있으며, 그 중에는 여성과 어린이도 다수 포함되어 있다는 사실을 강조하였습니다. 이들은 남한으로 강제 송환될 것을 두려워하며 불안한 나날을 보내고 있었고, 조선총련은 이들의 자유로운 귀국을 위한 지원을 촉구하였습니다.

이와 함께 북한은 재일동포 청년들의 교육 문제에도 적극적으로 나섰습니다. 1956년 1월 16일, 북한 내각은 '공화국 내각 결정 제7호'를 채택하여, 북한 유학을 희망하는 재일동포 학생들에게 국비 교육을 보장하고, 의복과 학용품 등을 무상으로 제공하며, 매달 2만 원의 생활 장학금을 지급하기로 결정하였습니다.

이러한 일련의 조치들은 북한이 단순히 재일동포를 받아들이는 데 그치지 않고, 그들을 체제 내부로 적극적으로 포용하려는 전략의 일환이었습니다. 귀국 희망자들을 향한 북한의 태도는 매우 환영 일색이었고, 조선총련은 이를 계기로 북송 운동을 더욱 본격화하게 됩니다.

6. 국제적십자위원회(ICRC)의 개입

1955년 9월부터 일본적십자사는 북한과 관련된 귀국 문제를 국제적십자위원회(ICRC)와 활발히 논의하기 시작하였습니다. ICRC는 이 과정에서 북한에 있는 일본인의 귀환뿐만 아니라, 재일동포의 북송 문제, 그리고 남북 간 이산가족과 한국군 포로, 납북 피해자 문제까지 포함하여 보다 폭넓은 인도주의적 해결 방안을 모색하고자 하였습니다. 이들은 1956년 2월 27일, 평양에서 조선적십자와 일본적십자 간의 회담을 중재하였으며, 회담 말미에 재일동포 귀국 문제를 양국 적십자의 인도주의적 관심사로 남겨 두기로 합의하였습니다.

그러나 현장에서는 갈등이 계속되었습니다. 1956년 4월 6일, 일본적십자사 본사 앞에는 북한 귀국을 희망하는 재일동포 50여 명이 몰려와, 일본인을 태우는 배에 자신들도 함께 승선시켜 달라고 요구하였습니다. 이러한 움직임은 교토, 오사카, 오카야마, 와카야마, 나고야 등 일본 각지에서 동시에 일어났습니다. 4월 17일, 마이즈루항에서는 약 200명의 재일동포가 선박 승선을 요구하였지만, 일본적십자는 항해 안전에 대한 한국의 보장을 얻지 못한 상황에서 이를 받아들일 수 없다고 밝혔습니다.

그럼에도 불구하고 귀국 희망은 사그라지지 않았고, 결국 같은 해 12월 6일에는 노르웨이 선박을 통해 20명이, 이듬해인 1957년 3월 31일에는 일본 어선을 통해 28명이 각각 북한으로 귀국하였습니다.

ICRC는 이러한 사태의 전말을 파악하고자 1956년 4월부터 6월까지 약 한 달 반에 걸쳐 극동사절단을 파견하였습니다. 사절단은 북한, 한국, 일본을 차례로 방문하여 오무라 수용소 문제, 일본인 어민 문제, 재일동포의 북송 문제 등 다양한 인도주의적 사안을 조사하였습니다. 이들은 북한에서는 기자들과의 인터뷰, 평양 시내 견학, 북한 영화 상영, 최승희 공연 감상, 집단 농장과 병원, 백화점 시찰 등 여러 일정을 소화하였으며, 북한 내 실정과 인도적 과제를 파악하였습니다.

조선적십자와의 세 차례 회담에서 북한은 일본 정부에 대한 불신감을 강하게 드러냈습니다. 특히, 남한에 억류된 일본 어민 들과의 맞교환을 위해 재일동포를 강제로 한국으로 송환하려 한다는 주장을 하며, ICRC의 개입에 대해서도 부정적인 태도를 보였습니다.

1956년 5월, 사절단은 일본 체류 중 시게미츠 외상, 하토야마 수상, 조선총련 간부들, 경찰청 외사과장 등을 두루 만나 북송 문제에 대한 입장을 청취하였습니다. 몇몇 국회의원은 재일동포를 마치 '처리 대상'처럼 인식하고 있었으며, 경찰청은 재일동포의 범죄율이 일본인보다 훨씬 높다고 보고하였습니다. 후생성은 재일동포의 생활보호비 지출 규모가 연간 2억 엔을 넘는다고 밝혔습니다.

ICRC는 조선총련과 주일한국대표부 간부에게도 각각 이야기를 들었습니다. 조선총련의 한덕수 등은 총련에 등록된 귀국 희망자가 오무라 수용소를 제외하고 약 3만 명에 달한다고 전하며, 실제로 대규모 귀국이 가능해지면 대부분의 재일동포가 귀국을 원할 것이라고 확신했습니다. 조선총련 역시 ICRC의 개입을 원하지 않는 북한 측의 입장에

동의했습니다.

한편 주일한국대표부의 김용식(金溶植) 공사는 "북한은 존재하지 않으며, 한국은 하나이고 정부도 하나일 뿐이다. 다만 그 일부가 적에게 점령당해 있는 상태다. 따라서 한국 출신자가 적에게 점령된 조국의 일부로 귀환하는 것을 허가할 수 없다. 재일동포들이 선택할 수 있는 것은 일본에 남거나 조국인 한국으로 돌아가는 것뿐이다"고 밝혔습니다.

사절단은 1956년 5월 9일 한국을 방문해 이승만 대통령과 회담했습니다. 이 대통령은 처음에는 사절단에 대해 불신감을 드러내며 "일본의 발표에 따르면 ICRC를 일본의 대리인처럼 여기고 있다"고 지적했으나, 사절단이 극동 방문의 목적을 설명하자 태도는 누그러졌습니다. 오무라 수용소 문제에 관해 이 대통령은 "수용된 사람들의 석방 요청이 반복되었지만 여전히 해결되지 않고 있다. 따라서 이에 대한 대응으로 부산에서 형기를 마친 일본인을 석방할 수는 없다"고 전했습니다.

사절단은 5월 14일 부산수용소[9]를 시찰했습니다. 당시 형기를 마치고 귀국을 기다리던 일본인 어민은 약 540명(19~60세)이었고, 일부는 1955년 3월부터 송환되지 않아 최장 18개월간 억류되어 있었습니다. 수용자들은 일본에서 보내준 의복이나 한국 정부가 지급한 의복을 착용하고 있었으며, 의료품은 충분했고, 의사가 상주하며 일본과의 서신 연락도 가능했습니다.

9 이승만 라인 선포 이후 한국 영해를 침범한 일본 어민들을 억류하기 위해 설치된 시설로, 주로 형기를 마친 일본인 어민들이 송환을 기다리며 수용되었다. 1950년대 중반, 국제적십자위원회(ICRC)가 시찰한 기록에 따르면 수백 명의 일본인이 억류되어 있었으며, 이는 일본 내 재일동포의 귀국 문제와 맞물려 국제적인 외교 쟁점으로 부상하였다.

5월 19일 오무라 수용소를 방문한 사절단은 수용소 내 북한 귀국 희망자들로부터 귀국 조기 실현을 요구하는 호소문을 직접 전달받았습니다. 당시 수용자 수는 총 1,467명으로, 이 중에는 법령 위반자 450명과 여성 207명, 아동 170명이 포함되어 있었습니다.

5월 22일, 사절단은 일본 법무성 차관과 회담을 갖고 수용소 문제를 논의했습니다. 사절단은 "죄 없는 어린이들이 수용돼 비위생적이고, 많은 사람이 빽빽하게 모여 사는 환경에 있는 것은 매우 부당하다"고 지적하며, 한일 양국이 상호 석방을 위한 합의를 할 필요가 있다고 강조했습니다.

ICRC는 본부에 보낸 서한에서 이 문제의 본질이 선전과 정치적 논쟁으로 덮여 있는 상태에서, 다시 본래의 인도주의적 시선으로 돌려놓는 것이 중요하다고 보았습니다. 또한, 이 문제가 ICRC 주도의 중립성과 인도적 원칙 아래 다뤄져야 하며, 그 외의 어떤 선전이나 외압에 의해서도 좌우되어서는 안 된다는 점을 강조하였습니다.

7. 집단 귀국 테스트 시행

1956년 4월 6일, 도쿄에 있는 일본적십자사 본부에서 북한으로의 귀환을 요청했던 재일동포 48명의 명단이 처음으로 공식화되었습니다. 이들의 귀국은 단순한 개인 귀환이 아닌, 향후 대규모 집단 귀국을 앞둔 시험적 성격을 띠고 있었습니다.

당시 이 48명은 자비로 귀국을 추진하고자 했으며, 일본 정부는 이에 대해 전례 없는 적극적인 태도를 보였습니다. 북한 정부 역시 이들의 북송을 환영하며 구체적인 수용 계획과 지원책을 준비하고 있었습니다. 일본적십자사는 조선적십자에 연락해, 북한의 입국 허가와 경유지인 중국 당국의 통과 비자를 확보해 줄 것을 요청했습니다. 그리고 이 북송이 성사된다면, 향후 대량 귀국의 기반이 될 수 있다는 기대를 함께 전했습니다.

하지만 이 과정에서 예상치 못한 갈등도 불거졌습니다. 조선총련은 이들의 자비 귀국 시도가 대량 귀국의 길을 막을 수 있다고 우려했습니다. 일본 정부가 귀국 비용 부담 책임을 회피하려 할 가능성이 있다는 점에서, 자비 귀국이 선례가 되어선 안 된다는 입장이었습니다. 이에 따라 조선총련은 48명에 대한 지원을 일시 중단했고, 귀국 희망자들과의 긴장도 고조되었습니다. 반면 귀국자들은 자신들의 귀국 의지를 억압하려는 조선총련의 태도를 비판하며, 귀국의 자유를 주장했습니다.

이 문제는 일본 내뿐 아니라 한반도와 국제 사회에도 파장을 일으켰습니다. 1956년 6월 27일, 주일한국대표부는 일본 정부에 '48명의 북송'에 대해 항의했고, 한국 외무부는 주한영국공사관을 통해 홍콩 당국에 상륙 허가를 내주지 말 것을, 또 영국 선박에 이들을 태우지 말 것을 요구했습니다.

하지만 한국 정부의 항의에는 설득력이 부족했습니다. 당시 북한은 아직 '지상낙원'이라는 대대적인 선전을 시작하지 않은 상태였으며, 북한으로 귀국하길 자발적으로 희망하는 재일동포가 실제로 존재하고 있었습니다. 한국 정부는 "그들이 진심으로 귀국을 희망한다고 믿을 수 없다"며 반발했지만, 일본 사회와 국제 사회는 이를 단순한 반공 이념에서 비롯된 억지 주장으로 받아들이는 경향이 강했습니다.

더욱이 일본 사회 일각에서는 이승만 정권의 독재와 인권 문제를 지적하며, 북한보다 한국 정부의 대응을 문제 삼는 목소리도 있었습니다. 한국은 재일동포에 대한 구체적인 지원책이 부족한 상황이었고, 한국적십자[10]와 한국 정부는 ICRC(국제적십자위원회)가 인도주의적 접근을 시도하는 데에도 노골적인 반감을 드러냈습니다. 이로 인해 ICRC는 불쾌감을 감추지 못했습니다.

1956년 7월 16일, ICRC는 일본, 북한, 한국 세 나라의 적십자사에 공문을 보내, 귀국 희망자의 인도적 귀환을 적극 지원할 의사가 있음을 밝혔습니다. 이어서 ICRC 본부에서는 적십자 3국 간의 회담 개최를 제안했고, 이를 통해 재일동포 북송 문제를 논의하고자 했습니다. 그러나 한국적십자는 모든 제안에 대해 강경한 반대 입장을 고수했습니다.

같은 해 12월 2일, ICRC는 다시 세 나라 적십자사에 공문을 보내 '거주지 변경 또는 고향으로의 귀환의 자유'는 어떤 상황에서도 보장되어야 하며, 귀국은 가능한 한 지체 없이 이루어져야 한다는 원칙을 재확인했습니다. 또한 자신들이 필요한 중재 역할을 수행할 준비가 되어 있다고 밝히며, 관련 당국들의 협조를 요청했습니다. 결국 일본적십자

10 한국적십자사는 1949년 정식 창립된 인도주의 단체로, 대한적십자사의 전신이다. 전쟁 포로 교환, 이산가족 상봉, 재일동포 관련 인도적 문제 등에서 국제적십자기구와 협력해왔다.

는 48명의 북송과 관련된 절차와 선박 알선을 지원했고, ICRC는 이들에게 여행 증명서를 발급했습니다.

1956년 12월 6일 밤, 48명 가운데 20명과 북한 유학을 희망한 학생 3명을 포함한 총 23명이 규슈(九州)의 모지(門司)항에서 노르웨이 선박을 타고 극비리에 출항했습니다. 이들은 상하이와 베이징을 경유해 12월 14일 북한 평양에 도착했습니다. 나머지 28명은 약 3개월 후인 1957년 3월 31일, 하카타항에서 일본 어선을 타고 출항하여 4월 4일 북한 청진항에 도착했습니다.

이렇게 두 차례에 걸쳐 이뤄진 '48명'의 북송은 단순한 귀국이 아닌, 대규모 북송으로 향하는 시험적 조치로서 역사적인 의미를 지니고 있었습니다. 또한 이를 통해 향후의 집단 북송을 둘러싼 국제적, 정치적 갈등의 윤곽이 보다 분명해지게 되었습니다.

8. ICRC의 귀국 희망자 조사

1957년 2월 26일, 국제적십자위원회(ICRC)는 일본, 북한, 한국의 적십자사에 귀국 희망자 조사를 제안하는 공식 각서를 전달했습니다. 이 각서에는 구체적인 실행 방안이 담겨 있었습니다. ICRC는 귀국자의 자유 의사를 확인하기 위해 특별 사절단을 파견하고, 일본적십자사가 기술적 조직을 구성하여 귀국 신청을 받을 수 있도록 준비하겠다는 계획을 밝혔습니다.

또한 각 적십자사는 출발 조건, 귀국자 명부, 귀국 일정 등에 대해 협의를 진행하고, ICRC는 그 중재 역할을 맡을 의향이 있다고 밝혔습니다. 귀국에 필요한 운송 수단은 일본 정부와 일본적십자사가 제공하며, 귀국자들의 이동에 필요한 조치는 도착 국가의 적십자사와 정부가 책임진다는 원칙도 함께 제시되었습니다.

귀국 비용은 일본과 귀국 국가 양측의 적십자사가 각각 50%씩 분담하는 것으로 명시되어 있었습니다. 이 계획은 재일동포의 귀국 문제를 인도주의적으로 접근하겠다는 ICRC의 강한 의지를 보여주는 것이었습니다.

이에 대해 일본적십자사는 이 제안이 세 나라 모두의 동의가 있어야만 실행 가능한지 여부와, 만약 북한과 일본이 동의하고 한국이 반대하는 상황에서도 북한으로의 귀국이 가능할지를 ICRC에 질의했습니다.

ICRC는 4월 5일 회신에서, 모든 국가의 동의가 있을 때까지 귀국을 보류하는 것은 희망자들에게 불이익이 될 수 있다고 판단하며, 북한으로의 귀국은 우선적으로 실시할 수 있다고 밝혔습니다. 또한, 일본적십자사 각 지부에서 귀국 희망자 명부를 별도로 작성하고, 북한뿐만 아니라 남한으로 귀국을 원하는 이들까지 포함해 각각 명단을 준비할 계획임을 명시했습니다. 이 명단은 ICRC 대표가 재일동포들과 직접 접촉하여 자유 의사에 따라 귀국을 신청한 것인지 확인할 수 있도록 거주지별로 분류해 정리하도록 했습니다.

1957년 4월 초, 일본적십자사의 이노우에 마쓰타로 외사부장은 제네바를 방문하여 ICRC 간부와 회담을 가졌습니다. 이 자리에서 그는 북송 문제가 한일 관계에 미칠 영향에 대해 우려를 표하며, 부산과 오무라 수용소에 수감된 인원들의 상호 석방 협상에 악영향을 줄 수 있다고 지적했습니다. 또한, 귀국자들이 탑승할 선박의 안전 확보가 되지 않은 점도 우려의 대상이었습니다.

ICRC는 4월 16일자 회신을 통해, 일부 재일동포들이 북한으로의 조기 귀국을 강하게 희망하고 있으며, 이들이 일본을 떠나기를 간절히 원하고 있다는 점을 확인했습니다. 따라서 일본 정부가 출국을 허용하고 북한이 수용 의사를 밝힌다면, 귀국의 자유는 존중되어야 한다고 강조했습니다.

또한, 재일동포들이 북한이나 한국, 또는 일본에 남기를 희망하는지를 명확히 파악하기 위해 전국적인 조사가 필요하다고 판단했습니다. 다만, 이 조사는 한일 양국 간의 억류자 교환 협상이 마무리된 뒤에 착수하는 것이 바람직하다는 입장을 덧붙였습니다.

조사에 있어 가장 중요한 원칙은 전적으로 자유 의지에 따른 결정임을 분명히 하는 것이었습니다. 귀국 희망자는 방해 없이 신청할 수 있어야 하고, 일본에 남기를 선택한 이들 또한 그 결정이 존중되어야 했습니다. ICRC는 이러한 조사가 정치적 선전의 영향 없이 평온하고 객관적인 분위기 속에서 진행되어야 한다고 명확히 밝혔습니다.

이 조사는 단순한 행정 절차를 넘어, 재일동포들의 삶과 선택을 둘러싼 정치적, 외교적 갈등의 최전선에 서 있었습니다. 그러나 ICRC는 일관되게 인도주의 원칙을 강조하며, 그들의 자유로운 귀환과 거주 선택이 보장되어야 함을 지속적으로 역설했습니다.

9. 재일동포 귀국 문제와 한일 회담

1957년 8월 16일, 일본적십자사 시마즈(島津) 사장은 일본 총리 기시 노부스케(岸信介)와 외무, 법무, 후생 각료에게 서한을 전달하였습니다. 그는 오무라 수용소 문제와 재일동포의 북송 문제가 인도주의적 차원에서 시급히 해결되어야 한다고 강조했습니다. 만약 한일 회담이 조속히 열리지 않는다면, '북한계 인사'들만이라도 우선 석방하여 북한으로 귀국시킬 수 있도록 해달라는 요청이었습니다. 이를 통해 일본 정부가 국제적십자위원회(ICRC)의 제안을 실현할 수 있기를 바랐습니다.

1958년, 4년 반 만에 제4차 한일 공식 회담이 열렸습니다. 이번 회담에서는 무엇보다도 대일 청구권 문제와 재일동포의 법적 지위 문제가 핵심 의제로 떠올랐습니다. 특히 '재일한국인의 법적 지위위원회'에서는, 1951년 제1차 회담 이래 논의되어온 강제 퇴거 기준이 다시 부각되었습니다.

이 회의에서 일본 측은 재일동포를 강제 퇴거시킬 수 있는 여섯 가지 기준을 제시하였습니다. 첫째는 유죄 판결을 받은 자, 둘째는 기초생활이 불안정하거나 매춘 등 부정한 방법으로 생계를 유지한 자, 셋째는 불법 입국자, 넷째는 한센병 환자와 정신질환자, 다섯째는 출입국관리 규정을 위반한 자, 여섯째는 일본 헌법에 위배되거나 정부 전복을 시도하는 등 일본의 국익을 해치는 자 등입니다. 이 기준은 매우 광범위하였기에, 한국 측은 이를 일본 정부가 재일동포를 국외로 추방하려는 의도로 해석하며 강하게 반대하였습니다.

한편, 억류자 문제 해결을 위한 한일 연락위원회도 개최되었습니다. 한국 정부는 1958년 5월 18일까지 일본인 어민들을 모두 석방하여 일본으로 송환하였고, 5월 23일까지는 한국 내 불법 입국자 1,003명의 수용을 완료하였습니다.

이 시기 조선총련은 오무라 수용소 문제 해결과 한일 회담 반대 운동에 집중하고 있었으며, 일반 재일동포의 대규모 북송을 적극적으로 추진하는 움직임은 보이지 않았습니다. 1958년 5월에 열린 조선총련 제4차 전국대회에서도 북송 사업은 본격적으로 다뤄지지 않았습니다. 이는 총련 내부의 갈등과도 무관하지 않았습니다. 특히 1957년 무렵까지 총련 내에서는 '조국파'로 불리는 한덕수 계열과, 민전 시절 주류를 이루었던 '구 민대파' 간의 갈등이 여전히 지속되고 있었습니다. 이로 인해 조직 내부의 정비와 통합이 우선 과제로 인식되었던 것입니다.

1955년부터 1958년까지의 시기는 재일동포 귀국 운동이 점차 제도화되고 대중운동으로 확산되기 시작한 중요한 전환기였습니다. 조선총련의 결성과 함께 북한으로의 귀국 희망자 조사가 본격화되었고, 이를 기반으로 한 귀국운동은 점점 조직적인 형태를 갖추었습니다. 오무라 수용소에서는 이념에 따라 '한국계'와 '북한계' 수용자 사이의 갈등이 심화되었으며, 이 사건은 재일동포 사회 내부의 분열과 갈등을 상징적으로 보여주는 사례가 되었습니다.

이 시기에는 일본 내의 일조협회와 일본적십자사, 그리고 국제적십자위원회(ICRC)가 점차 귀국 문제에 관여하기 시작하면서, 재일동포 귀국 운동은 국제 사회의 인도주의적 이슈로 부각되었습니다. 특히

ICRC가 개입하여 귀국 희망자 조사를 제안하고, '48명'의 시범적 귀국이 이루어진 것은 향후 대규모 귀국 사업으로 이어질 수 있는 중요한 기반이 되었습니다.

그러나 이러한 움직임은 한일 간의 미묘한 외교적 긴장과도 맞물려 있었습니다. 일본은 귀국을 허용하면서도 한국과의 관계를 고려해 소극적인 태도를 취했고, 한국은 북한 귀국을 반대하며 강하게 반발했습니다. 이러한 정치적 이해관계 속에서 재일동포들은 조국을 선택하는 문제를 개인의 신념과 현실적인 조건 사이에서 고심해야 했습니다.

제5장에서 살펴본 바와 같이, 조선총련의 조직 정비와 북한의 적극적인 귀국자 수용 의사, 그리고 국제기구의 참여 등은 향후 본격적인 북송 운동의 제도적 기반을 다지는 데 결정적인 역할을 하였습니다. 다음 장에서는 이와 같은 준비 과정이 어떻게 실제 귀국 사업으로 이어졌는지, 그리고 대규모 귀국이 어떤 방식으로 전개되었는지를 살펴보겠습니다.

제6장

북송운동의 대규모화

1958년부터 본격적으로 전개된 북송운동은 북한이 내세운 '지상낙원'이라는 구호와 함께, 이전과는 차원이 다른 규모로 확대되기 시작했습니다. 북한은 이 운동을 통해 정치적·경제적 이익을 얻고자 했으며, 일본 정부에 다양한 방식으로 압박을 가하면서 귀국사업 실현을 적극 추진하였습니다.

북한은 북송운동을 통해 체제의 우월성을 국제사회에 알리고자 했고, 동시에 남북간 전략적 이익을 얻기 위한 수단으로도 활용했습니다. 재일동포들의 귀국은 단순한 이주의 문제가 아니라, 각국의 이해관계가 복잡하게 얽힌 외교적 사안으로 발전해 갔습니다.

이 장에서는 북송운동이 어떻게 대규모로 확산되었는지, 그리고 이를 위해 북한이 어떠한 전략과 계획을 세웠는지에 대해 살펴봅니다. 특히, 1958년 오무라 수용소에서의 단식 투쟁과 북한의 성명 발표, 김일성의 공개 연설 등을 중심으로, 조선총련이 주도한 북송운동의 배경과 그 전개 과정을 설명하고자 합니다. 아울러, 일본 사회와 정치권의 반응, 한국 정부의 대응도 함께 소개합니다.

1. 귀국운동의 대규모화와 북한의 전략

1958년 6월 26일, 일본 규슈 지방에 위치한 오무라 수용소에서 북한으로의 귀국을 희망하던 수용자들 가운데 약 90명 중 81명이 단식 투쟁에 들어갔습니다. 그들은 자신들의 의사를 관철시키기 위해 음식을 거부하며, 귀국을 향한 절실한 바람을 세상에 알리기 시작했습니다.

이어 같은 해 7월 8일, 북한의 남일 외상은 성명을 발표하며 일본 정부가 오무라 수용소에 수용된 귀국 희망자들을 남한으로 강제로 송환하려는 시도를 비판하고, 이들의 북송을 즉각 실현할 것을 요구하였습니다. 더불어 북한 측 대표의 일본 입국 허가도 요청하였습니다.

이와 같은 상황에서 한국의 이승만 대통령은, 귀국 희망자들의 석방이 한국 송환을 전제로 하지 않는다면 결코 수용할 수 없다는 강경한 입장을 밝혔습니다. 당시 주일 한국공사관은 기시 총리 및 외무성 고위 관계자들과 연쇄적으로 접촉하며 해결 방안을 모색하고 있었지만, 일본 정부는 인도적 차원에서 귀국 허용을 고려하고 있었습니다. 특히 일본 법무성[1]과 외무성은 단식 투쟁 중인 수용자 가운데 사망자가 발생할 경우 조선총련의 격렬한 항의가 예상된다는 점을 염두에 두고 있었습니다.

1958년 7월 6일, 북한계 수용자들의 단식 투쟁은 일단 철회되었지만, 그 직후 한국계 수용자들이 새롭게 단식에 돌입했습니다. 그들은 북한

1 법무성(法務省)은 일본의 중앙행정기관으로, 법률 행정·검찰·출입국 관리·형사 시설 운영 등을 담당한다.

계 수용자들의 석방에 반대하며 자신들의 한국 송환을 요구했고, 이 단식 투쟁은 7월 17일까지 이어졌습니다.

한편, 북한은 이 무렵부터 보다 체계적인 귀국운동 준비에 착수하고 있었습니다. 같은 해 8월, 북한은 '지상낙원'이라는 구호 아래 대규모 귀국운동을 본격적으로 추진하기 시작했습니다. 이는 이미 7월부터 준비된 계획에 따른 것으로, 철저한 시나리오와 치밀한 사전 작업이 진행된 결과였습니다.

북한은 이 운동을 통해 정치적 목적과 경제적 실익을 동시에 추구하고자 했습니다. 정치적으로는 북한 체제의 우월성을 과시하고, 남한에 대한 통일 전략과 대남 공작을 전개하려는 의도가 담겨 있었습니다. 경제적으로는 북한의 사회주의 건설을 위한 노동력 확보와 기술자, 자산 도입이라는 현실적인 목적이 자리하고 있었습니다.

1958년 9월 8일, 김일성은 '공화국 창건 10주년 기념 대회'에서 연설을 통해 일본의 기시 정권을 강하게 비판했습니다. 그는 재일동포들이 민족적 권리를 인정받지 못한 채 수용소에 억류되어 있으며, 이들을 정치적 도구로 활용하는 일본 정부의 태도가 비인도적이라고 지적했습니다. 그러면서 북한으로 돌아오려는 동포들을 열렬히 환영하며, 귀국자들에게 필요한 조건을 보장하겠다고 약속했습니다.

이후 남일 외상은 9월 16일자 성명에서, 일본 사회에서 재일동포들이 겪는 실업과 차별, 교육 기회의 제한, 생활 불안 등을 지적하며 일본 정부의 무책임함을 비판했습니다. 그는 이들이 조국으로 돌아가 안정된 삶을 살 수 있도록 일본 정부가 조속히 필요한 조치를 취해야 한다고 촉구했습니다.

이어 10월 16일에는 김일[2](金一)이 평양방송을 통해 조선중앙통신 기자의 질문에 답하는 형식으로 새로운 제안을 발표했습니다. 그는 북한이 귀국 희망자들의 모든 여비를 부담하고, 기선을 비롯한 교통편을 제공할 준비가 되어 있다고 밝혔습니다. 또한 각 공장과 농어촌 등에서 귀국자를 받아들일 준비가 완료되었음을 강조했습니다.

이와 함께 조선총련은 본격적인 북송운동에 돌입합니다. 10월 중순, 조선총련은 전국적으로 '귀국 요청의 날'을 지정하고, 586개소에서 7만여 명을 동원한 대규모 집회를 개최했습니다. 이 자리에서 즉각적이고 무조건적인 귀국, 귀국선 입항, 일본 정부의 전면적 보장이라는 세 가지 요구 사항을 발표하고 이를 일본 각 지자체와 국회에 전달하기로 결의하였습니다.

같은 시기, 조선총련은 귀국 신청자 수가 3만 7천 명을 넘었다고 발표하였으며, 1959년 1월 말에는 희망자 수가 11만 7천 명에 달한다고 공표했습니다. 조선총련 중앙 귀국대책위원회는 최종적으로 30만 명까지 귀국자가 늘어날 수 있다는 전망도 제시했습니다.

2 김일은 김일성의 오른팔로 활동하며 북한 정권에서 국사 및 경제 분야에서 핵심적인 인물로 평가받았다. 북한의 경제 개발과 농업 집단화 과정에서 중요한 역할을 했으며, 특히 북송사업과 관련된 활동에도 관여했다.

2. 일본인들의 귀국 지원

북송사업을 둘러싼 분위기는 점차 일본 사회 내부로 확산되어 갔습니다. 특히, '지상낙원'이라는 이미지가 강조되면서, 북한으로 돌아가고자 하는 재일동포들의 희망을 돕자는 움직임이 일본인들 사이에서도 서서히 공감을 얻기 시작하였습니다.

이를 바탕으로 조선총련은 일본 사회의 지지를 더욱 확대하기 위해 다양한 활동을 조직하였습니다. 1958년 11월 1일부터 1959년 1월 말까지, 조선총련은 '귀국 실현 서명 운동'을 전국적으로 전개하였습니다. 이 운동은 일본 국민의 양심과 연대를 바탕으로, 귀국 희망자들의 뜻을 실현시키려는 노력이었습니다.

조선총련 중앙귀국대책위원회는 1958년 9월 하순부터 10월 초까지, 일본의 정당과 사회 단체에 북송사업에 대한 협력을 요청하기 시작하였습니다. 협력 요청 대상에는 자민당, 사회당, 공산당과 같은 정치 세력뿐 아니라 주요 노동조합, 법조계, 문화계 인사들도 포함되었습니다. 일본공산당은 '일조협회'를 통해 사실상 이 운동을 지원했고, 그 기관지인 『아카하타[3](赤旗)』는 1958년 10월 21일자에서 "재일조선인의 귀국을 전면적으로 지지한다"는 공식 입장을 밝히기도 했습니다.

사회당 또한 이 문제에 깊이 관여하였습니다. 특히 1955년 10월에 북한을 방문한 고야 사다오(古屋貞雄)와 호아시 케이(帆足計)가 중심적인

3 일본공산당이 발행하는 기관지로, 1928년에 창간되었으며, 일본 내 좌파 시각에서 정치, 사회 이슈를 다루는 언론 매체 중 하나이다.

역할을 하였습니다. 고야는 일본조선연구소의 이사장이 되었고, 호아시는 '귀국협력회의'의 간사장으로 활동하였습니다. 호아시는 과거 조선에서 어린 시절을 보냈으며, 평양중학교에 재학했던 경험도 있었습니다.

1957년 1월, 사회당은 제13회 정기전국대회에서 '일조관계 정상화 촉진에 관한 결의'를 채택하고, 북한과의 교류 확대 및 관련 운동을 정당 차원에서 전개할 방침을 세웠습니다. 이 결의문에서는 남북한과의 경제·문화 교류 지원과 평화 통일에 대한 염원을 담고 있었으며, 동시에 재일동포의 귀국 문제를 중요한 과제로 다루고 있었습니다.

1958년 11월 17일에는 사회당과 공산당을 중심으로, 이른바 혁신계 단체들이 초당적으로 모여 '재일조선인귀국협력회(在日朝鮮人帰国協力会)'를 발족시켰습니다. 이 단체는 재일동포의 귀국 문제가 정치적 문제를 넘어서, 인도적 문제라는 인식을 바탕으로 활동을 시작하였습니다. 이들은 일본인의 양심과 이웃으로서의 우정을 강조하며, 재일동포들의 귀국을 돕는 것이 인도적 의무라고 주장하였습니다.

한편, 조선총련과 그 산하 단체들은 북송 지원을 위한 실질적인 기반 마련에도 나섰습니다. 1958년 1월 21일, 조선총련과 산하 상공연합회는 '재일본조선인무역협동조합[4](在日朝鮮人帰国協力会)'을 조직하여, 재일동포들의 무역회사와 다양한 기업들을 통합하고 북한과의 무역 기반을 조성하려는 활동을 전개하였습니다.

4 조선총련, 일조협회, 그리고 재일조선인귀국협력회(귀국협력회)는 '귀국 3단체'라고 불렸다. 이 세 단체는 재일조선인의 북한 귀국을 적극적으로 지원하고 추진하는 역할을 하였으며, 귀국 운동을 주도적으로 전개했다. 이들 단체는 북한 귀국 문제를 중심으로 협력하며, 재일동포의 귀국을 실현하는 데 중요한 역할을 담당했다.

같은 해 6월에는 '조선국제무역촉진위원회(朝鮮国際貿易促進委員会)'가 '일조무역 3단체 연락협의회'를 결성하였고, 이어 7월에는 '일조직접무역실현운동(日朝直接貿易実現運動)' 중앙집회를 개최하면서 북한과의 무역 실현을 위한 국민운동으로까지 확산되었습니다.

이러한 분위기 속에서, 일본적십자사도 입장을 내놓게 됩니다. 1958년 12월, 일본적십자사는 『재일조선인 생활 실태(在日朝鮮人の生活の実態)』라는 보고서를 발간하고, 재일동포들의 현실을 조명하며 귀국사업의 필요성을 주장하였습니다.

1959년 1월 중순, 일본의 기시 정권은 북한으로의 귀국사업 시행에 대한 방침을 확고히 하게 됩니다. 그러나 당시 '친한파'로 알려져 있던 야쓰기 가즈오(矢次一夫)는 이 계획에 강한 반대 입장을 표명하였습니다. 그는 1958년 5월에 이승만 대통령을 만나기 위해 한국을 방문한 인물이기도 했습니다. 그는 북송사업이 진행될 경우, 한일 관계가 악화될 것이라는 점을 우려하며, 후지야마(藤山) 외무대신을 비롯한 관계자들에게 "배신이다"라고까지 말하며 비판을 아끼지 않았습니다.

3. 한국 정부의 대응

1958년 10월 1일, 한일 전면회담이 재개되면서 어업분과위원회도 함께 열렸지만, 정작 재일동포의 귀국 문제는 회담 의제에서 우선순위로 다뤄지지 않았습니다. 그 무렵, 일본 내 오무라 수용소에서 귀국을 희망하는 수용자 문제가 불거지면서, 주일한국대표부는 긴급히 사태에 대응해야 했습니다. 그러나 복잡한 상황 속에서 보고 체계가 지연되었고, 본국과의 조율도 원활히 이루어지지 않았습니다.

이승만 대통령은 사태의 심각성을 인지한 뒤, 주일대사관에 극비 외교 협상을 지시하였습니다. 대사관은 일본 외무성과의 비공식 접촉을 통해, 재일동포 한 명 한 명에게 일정 금액의 지원금을 제공하는 조건으로 한국 수용을 검토할 수 있다는 의사를 전달하였습니다. 하지만 이는 어디까지나 제한적인 제안이었으며, 실제로 집단 귀국은 한국 정부가 받아들일 수 없는 사안이었습니다.

야마다(山田) 외무차관은 "귀국 여비 정도는 신속히 지원할 수 있다"라는 입장을 밝혔으나, 상황은 그리 쉽게 진전되지 않았습니다. 당시 한국 측은 일본 정부의 움직임을 정확히 파악하지 못했고, 조선총련의 내부 분위기에 대해서도 구체적인 정보가 부족했습니다.

1958년 10월 27일, 주일대표부가 본국 외무부에 보낸 보고서에서는 조선총련 내부에서도 북송 추진 방식에 대한 이견이 존재하며, 현재 지도부가 일방적으로 정책을 추진하고 있다는 점을 지적했습니다. 이 보고서는 북송 실현 여부가 일본 당국의 협조 여부에 따라 좌우될 것이라는 전망을 담고 있었습니다. 아울러 조선총련에 대한 정보전과 내부 분열을 유도하는 전략이 필요하다는 제안도 함께 포함되어 있었습니다.

이 무렵, 민단 중앙본부 역시 재일동포들을 향해 경고의 메시지를 내보내고 있었습니다. "북한은 노동력이 부족하여, 달콤한 선전으로 사람들을 끌어들이려 하고 있다"라는 입장이었습니다. 민단은 "지상낙원이라는 말에 속아서는 안 된다"라고 강조하며, 조선총련이 귀국 신청자들에게 일정 금액의 돈을 지급하며 신청을 독려하고 있다고 비판했습니다.

1959년 1월 30일, 후지야마(藤山) 외무대신은 기자회견에서 북송 사업과 관련된 다양한 방안을 검토하고 있으며, 구체적인 준비도 진행 중이라고 밝혔습니다. 한일회담에 대해 묻는 질문에는, "한국이 이승만 라인(평화선) 철폐를 인정하지 않는 이상, 회담 진전은 어렵다"라며, 귀국 문제로 인한 영향을 고려하지 않겠다는 입장을 내보였습니다.

같은 날 저녁, 일본 외무성은 공식적인 제3자 기관으로 국제적십자위원회(ICRC)에 귀국 희망자 조사를 위탁하기로 방침을 정했습니다. 이에 한국 외무부의 김용식(金溶植) 차관은 다음 날 기자회견에서, "한일회담에 중대한 영향을 줄 수 있다"라며, 일본의 일방적인 결정은 부당하다고 강하게 항의했습니다. 이어 1월 31일에는 조정환(曺正煥) 외무부 장관도 "북송은 한국의 주권을 무시하는 행위이며, 그 책임은 전적으로 일본에게 있다"라고 경고했습니다.

1959년 2월 2일, 민단 중앙은 '북송 반대 투쟁 위원회'를 조직하고, 후지야마 외상과 후나다 나카(船田中) 자민당 외교조사회장에게 직접 항의문을 전달하였습니다. 같은 달 12일에는 전국에서 모인 약 300명의 재일동포와 관계자들이 외무성과 국회 앞에서 항의 집회를 열고, 진정 데모[5]를 진행하였습니다.

5 행정기관이나 기관장에 정식으로 글이나 말로 호소하는 집회를 말한다.

1959년 2월 5일, 한국 정부는 공식 성명을 통해 "한국 국민을 공산주의자의 지배하에 보내는 것은 절대 인정할 수 없다"라며, 만약 일본이 북한에 협조하고 한국의 관할권을 계속 침해할 경우, 한국 정부는 그에 상응하는 조치를 취할 수밖에 없다고 경고하였습니다.

2월 9일, 이승만 대통령은 AFP 통신[6]과의 서면 인터뷰에서 일본을 강하게 비난했습니다. 그는 "일본은 한국인을 공산주의의 노예로 내몰고 있으며, 과거 식민지 시절처럼 한국인을 가혹하게 대우하고 있다"라고 주장했습니다. 특히 이번 북송사업을 '인도주의적 행위'라고 주장하는 일본의 태도에 대해, "전혀 인도주의적이지 않다"라며 강한 불신을 나타냈습니다.

한편, 같은 해 2월 7일, 후지야마 외상은 맥아더 주일미국대사와 회동하여, 북송사업이 곧 일본 각의에서 승인될 예정임을 통보하였습니다. 이에 대해 맥아더 대사는 "북송 운동은 인도주의가 아닌 공산주의의 전략적 도구로 보인다"라는 입장을 전하며, 일본 정부가 한일회담의 결렬을 피할 수 있도록 신중히 접근하길 바란다고 말했습니다.

1959년 2월 13일, 일본 각의는 북송사업 시행을 공식 결정하였고, 이에 대해 미국 정부도 반응을 보였습니다. 미국은 양국 관계의 악화를 우려하며, "극동 지역에서 새로운 적대 행위가 발생하지 않기를 바란다"라는 입장을 발표했습니다. 또한, 미국은 한국군이 유엔군 사령부의 작전 지휘 하에 있으며, 미국이 제공한 군사 장비는 정당한 자위 목적

6 AFP통신(Agence France-Presse)은 1944년 설립된 프랑스의 국영 국제 뉴스 통신사로, 전 세계 주요 언론에 뉴스를 제공하고 있다.

외에는 사용되어선 안 된다는 점을 강조하며, 무력 대응에 신중할 것을 한국 정부에 경고했습니다.

북한은 일본 정부의 결정을 환영하며, 정치와 무관하게 인도주의에 따라 북송을 결정한 일본의 태도를 높이 평가하였습니다. 북한은 귀국자들의 직업 알선, 생활 안정, 자녀의 교육 보장을 약속하며 '영접위원회'를 구성하고, 북송 관련 실무는 조선적십자회에 위임하겠다고 발표했습니다.

한편, 한국 정부도 이에 대응하여 즉각적인 외교 조치를 취했습니다. 1959년 2월 13일 밤, 김용식[7] 주프랑스공사를 제네바에 급파하여 ICRC 측에 재일동포의 역사적 특수성과 한일회담의 현실을 설명하며, ICRC의 개입이 적절하지 않다는 점을 호소하였습니다. 한국 측은 ICRC 담당자가 일본 방문 전 방콕에 체류 중이라는 정보를 입수하고, 현지 외교관에게도 접촉을 지시하였습니다.

1959년 2월 21일, 일본 정부의 요청을 받은 일본적십자사는 ICRC의 정식 개입을 추진하기 위해 이노우에 외사부장을 제네바에 파견하였습니다. 이노우에는 ICRC 측과의 회담에서, 일본에 대표단을 파견해 귀국 희망자들의 의사를 확인하고 실무 조정을 해줄 것을 요청했습니다. 동시에 조선적십자 대표를 제네바로 초청하여 일조 적십자 회담을 개최하고 싶다는 뜻도 전달하였습니다.

이에 대한 대응으로, 주일한국대표부, 대한적십자사, 그리고 한국

7 1959년 당시 한국 외무부의 김용식 차관은 같은 해 2월 주프랑스공사로 임명되었다.

의 '북송반대전국연합회' 대표들도 잇따라 제네바를 방문하였습니다. ICRC는 1959년 2월 26일 공식 입장을 통해, "이 사안이 처음 예상했던 것보다 훨씬 복잡하며, 서둘러 조치를 취할 경우 극동에 정치적 긴장을 불러올 수 있다"라며 신중한 태도를 나타냈습니다.

이승만 대통령은 김 외무차관 및 다우링(Walter C. Dowling) 대사[8]와의 회담에서, "만약 일본 정부가 재일동포에게 적절한 보상을 제공한다면, 한국은 그들을 받아들일 용의가 있다"라는 입장을 전했습니다. 다우링 대사 역시 이에 동의하는 입장을 밝혔습니다. 한국 정부는 1959년 4월 6일, 한일회담의 재개 의사를 표명했지만, 일본적십자 측의 제네바 회담 철회와 대표단 철수를 전제 조건으로 내세워, 일본은 이에 즉각 반응하지 않았습니다.

4. 귀환협정 체결과 북송사업 개시

1959년 4월 13일, 스위스 제네바에 위치한 국제적십자위원회(ICRC) 본부에서 일본적십자사와 조선적십자회 간의 협상이 시작되었습니다. 이 회담은 북한 귀국 희망자들의 송환을 위한 협정을 체결하기 위한 자리였지만, 시작부터 양측의 입장이 첨예하게 대립하며 난항을 겪었습니다.

8 1956년부터 1959년까지 주한 미국 대사

일본 측은 귀국 희망자에 대한 '자유의사 확인'을 협정의 전제 조건으로 내세웠고, 북한 측은 이에 강하게 반발했습니다. 북한은 이 조항이 한국 측의 선전과 개입에 악용되어, 귀국을 희망하는 사람들의 수가 줄어들 수 있다고 우려하고 있었습니다. 북한에게 있어 재일동포의 대규모 북송은 체제 선전과 경제적 필요를 충족시킬 수 있는 중요한 전략이었기에, 신청자 수 감소는 큰 타격이 될 수밖에 없었습니다.

양측은 수차례 협의를 거쳐 마침내 타협에 도달했습니다. 일본적십자사는 '자유의사 확인' 절차에서 출신 지역이나 사상, 북한 내 가족 유무 등은 전혀 문제가 되지 않는다는 점을 문서로 명시하였고, 구두로는 "귀국을 희망하는 이유조차 묻지 않겠다"라고 밝혔습니다. 북한이 수용하기 쉬운 조건이 제시된 결과였습니다.

1959년 6월 10일, 양국 적십자사는 마침내 귀환협정[9](북송협정)에 합의하고 이를 발표하였습니다. 이 소식은 곧바로 한국 사회에 큰 충격을 안겨 주었습니다. 여야 정치권은 한 목소리로 '북송 반대 운동'을 더욱 본격화하였고, 외무부 장관 조정환과 주일대사 유태하(柳泰夏)는 동시에 사의를 표명하며 사태에 대한 책임을 졌습니다. 한국 정부는 다음 날인 6월 11일, 사실상 대일 경제 단교 조치를 단행하게 됩니다.

6월 말, 미국 정부는 이 사태를 중재하기 위해 구체적인 제안을 한국 정부에 전달하였습니다. 미국은 '거주지 선택의 자유'를 원칙으로 삼아, 재일동포 중 한국 귀국을 희망하는 사람에게는 귀국을 허용하고,

9 북송협정은 귀국 대상이 북한으로 가는 재일동포라는 점을 강조할 때 사용되며, 귀환협정은 중립적표현으로, 국제기구 및 일본 측에서 주로 사용된다.

북한 귀국 희망자는 ICRC의 심사를 거친 뒤 송환하며, 제3국을 원하는 경우에는 정착을 돕고, 일본에 남고자 하는 경우에는 영주권을 부여하자는 내용이었습니다.

그러나 한국 정부는 북한을 '비합법적인 반역 집단'으로 간주하고 있었기 때문에, 이 제안을 받아들이지 않았습니다. 이승만 대통령은 7월 13일 다우링 미대사 및 김용식 외무차관과의 회담에서, "일본이 재일동포에게 보상금을 지급한다면 그들의 귀국을 허용할 수 있다"라는 조건부 수용 입장을 전달하기도 했습니다.

이 무렵 북한은 소련을 통해 사회주의 우방국들에 협조를 요청하였습니다. 소련, 중국, 베트남, 체코슬로바키아, 헝가리 등 사회주의 국가들의 적십자사들은 일제히 ICRC에 조선적십자의 입장을 지지하는 서한을 보냈습니다. 일본 정부도 7월 15일, 후지야마 외무대신 명의로 ICRC에 협정 승인을 서둘러달라는 요청을 전달하였습니다.

마침내 1959년 7월 30일, ICRC는 내부 회의를 통해 북송사업에 협력하기로 최종 결정하였습니다. 이로써 귀국을 위한 공식적인 절차와 국제적 승인이라는 두 축이 모두 마련되었던 것입니다.

그로부터 보름 후인 8월 13일, 이승만 대통령은 기자회견에서 귀환협정에 대한 기존 입장을 재확인하였습니다. 그는 "재일동포는 모두 한국 국민이며, 한국 정부의 동의 없이는 송환이 불가능하다"라고 주장하며, 북송은 주권 침해라고 강하게 비판하였습니다. 같은 날, 민단 중앙도 성명을 통해 "북송은 동포를 공산 진영의 노예로 만드는 행위이며, 결코 용납할 수 없다. 상황에 따라 투쟁도 불사하겠다"라는 의지를 밝혔습니다.

한편, 9월 3일, 일본적십자는 '귀환 안내문'을 발표하였습니다. 이 안내문에는 귀국 희망자들을 위한 절차와 정보가 담겨 있었으며, 특히 '일본 잔류', '북한 귀환', '한국 귀환'이라는 세 가지 선택지가 모두 가능하다는 점을 명확히 고지하고 있었습니다. 하지만 이 내용을 두고 조선총련, 일조협회, 귀국협력회 등은 강하게 반발하며, 이를 "귀국자 수를 줄이기 위한 방해 공작"이라고 비난했습니다.

1959년 9월 21일부터 일본 전역의 3,655개 시정촌[10]에 일본적십자사 창구가 설치되어 귀국 신청 접수가 시작되었지만, 초기 신청자는 매우 적었습니다. 10월 11일 기준으로 등록된 신청자는 약 230명에 불과했습니다. 이는 1959년 8월 27일, 니가타(新潟) 적십자 센터를 시찰한 국제적십자위원회(ICRC) 쥐베(Dr. Pierre Juvet) 부위원장이 일본적십자사에 조언한 내용에 따른 조치였습니다. 쥐베 박사는 귀국 신청자들에게 '거류지 선택의 자유'의 의미를 충분히 설명하고, '일본에 잔류', '북한으로 귀환', '한국으로 귀환'이라는 세 가지 선택지가 모두 가능하다는 점을 명확히 안내할 것을 요구했습니다.

이후 귀국협력회 간사장 호아시 케이(保利傑)의 중재로 일본 정부와 조선총련 간의 협상이 진행되었고, 일본적십자는 '귀환 안내' 절차를 간소화하는 타협안에 동의하게 됩니다. 면회 및 외출의 자유를 포함한 새로운 수속 방식이 도입되었으며, 공식적인 설명 대신 '안내 통보' 형

10 시정촌은 일본 행정구역체계에 쓰이는 용어로 시(市)는 일정규모 이상의 도시이고, 정(町)은 읍수준의 소규모 도시형 지역이며, 촌(村)은 면과 리 수준의 농촌, 산간지역이다.

식으로 정보를 전달하기로 결정하였습니다. 11월 상순, 북한은 소련 정부에 정식으로 선박 제공을 요청하였고, 마침내 제1차 북송선이 12월 14일에 출항하기로 확정되었습니다.

이승만 대통령은 출항 전날인 12월 13일, 전군에 비상계엄령을 발령하고 국방부에 '북송선 침몰 계획'을 세울 것을 지시하기도 하였습니다. 그러나 군 당국은 국제 정세와 외교적 파장을 고려하여 무력 사용은 어렵다는 결론을 내렸고, 최종적으로 실행에는 옮겨지지 않았습니다.

1959년 12월 14일, 니가타항 중앙부두에서는 제1차 북송선 환송식이 성대하게 열렸습니다. 이날 소련의 화물선[11]인 '구리리온호'와 '도보르스크호', 두 척의 북송선에 238세대, 총 975명이 승선하였습니다. 경비를 위해 약 2,000명의 경찰이 배치되었고, 부두에는 재일동포와 관계자 약 3,000명이 모여 작별을 고했습니다. 북송자의 가족과 조선총련 관계자들은 북한국기를 흔들며 '김일성 장군의 노래'를 합창하고 '만세'를 외치며 환호하였습니다. 두 척의 북송선은 오후 2시를 넘겨 차례로 니가타항을 떠났습니다.

이로써 '귀국사업', 이른바 북송사업이 현실로 시작되었습니다. 이는 이후 10여 년 동안 수많은 재일동포들에게 커다란 영향을 끼쳤으며, 한일 관계, 남북 관계, 국제사회에도 오랜 여운을 남기게 되었습니다.

---

11 이 두 선박은 소련의 화물선을 개조한 것으로 환경이 열악하고 안전 문제에 대한 우려도 많았다. 일본과 북한은 외교관계가 없었기 때문에, 양국 간의 직항 항로가 존재하지 않았고, 북한과 우호관계를 맺고 있었던 소련이 중개자 역할을 맡아, 북송선을 제공하고 항해도 지원하였다.

제7장
북송사업 전개

북송사업은 1959년 12월의 첫 출항을 시작으로, 1960년대에 본격적인 전개 국면에 들어섰습니다. 초기에는 수많은 재일동포들이 '지상낙원'이라는 선전에 이끌려 귀국선을 탔지만, 시간이 흐르면서 분위기는 서서히 바뀌어 갔습니다. 북한 사회에 적응하지 못한 귀국자들의 소식이 재일동포 사회에 전해지면서, 이 사업에 대한 의문과 회의가 조용히 번져 나가기 시작했습니다.

1960년대 후반으로 접어들면서 귀국을 희망하는 사람들의 수는 눈에 띄게 줄어들었고, 북한 역시 귀국자 유치를 위한 유인책을 다각도로 제시하게 됩니다. 반면, 한국은 급속한 경제 성장을 이루며 재일동포들에게 새로운 가능성의 땅으로 인식되기 시작했습니다.

이 장에서는 북송사업의 전개에서부터 쇠퇴, 그리고 사실상의 종료에 이르기까지의 과정을 조망합니다. 또한 북한과 조선총련의 전략 변화, 일본 정부의 태도, 만경봉호의 취항, 김일성의 발언, 그리고 일본인 처 문제 등 다양한 측면에서 그 흐름을 상세히 살펴봅니다.

1. 귀환협정 연장과 지속

1959년 12월, 니가타항을 출발한 첫 북송선은 북송사업의 서막을 알리는 사건이었습니다. 이후 1960년으로 접어들면서 북송자의 수는 빠르게 증가하였고, 특히 2월 5일에 출항한 제7차선부터는 매회 1,000명을 넘는 북송자가 탑승하기에 이르렀습니다.

1960년 5월 8일부터 6월 22일까지는 오무라 수용소에 머물던 귀국 희망자 186명이 니가타로 이송되어 송환 준비 절차를 밟았습니다. 이 가운데 133명이 실제로 북송선에 오르게 되었습니다.

북송을 위한 일본과 북한 간의 협정은 체결 당시 유효기간이 1년 3개월로 설정되어 있었고, 필요에 따라 연장이 가능하도록 되어 있었습니다. 협정 만료가 다가오자, 일본 외무성은 1960년 8월까지 다음과 같은 기본 방침을 수립하였습니다. 적절한 시기에 귀국 신청을 마감하고, 가능하다면 다음 해 말까지 신청자 전원을 송환하겠다는 계획이었습니다. 이 방침에 따르면, 기한 내에 신청하지 않은 사람은 더 이상 협정상의 보호를 받을 수 없으며, 이후에는 개별 귀국만이 가능하다고 명시되었습니다.

같은 해 8월, 일조협회 사절단이 북한을 방문하였습니다. 이들은 북한에서 국빈급 대우를 받았으며, 북한의 대외문화연락협회와의 협의를 통해 '귀국 협정은 내용을 수정하지 않고 기한만 연장하는 것이 바람직하다'는 공동 성명을 발표하였습니다. 북한 측은 "재일 조선 공민을 맞이할 준비가 이미 충분히 되어 있으며, 국가의 따뜻한 배려 속에서 귀국자들은 만족스러운 삶을 살고 있다"라고 전하였습니다.

조선총련은 일조협회, 귀국협력회와 손잡고 무수정 연장[1]을 위한 다양한 활동에 나섰습니다. 진정서를 제출하고 항의 집회를 열었으며, 지방자치단체의 지지를 얻기 위한 서명 운동, 전단 배포, 자전거 퍼레이드까지 조직적으로 펼쳐졌습니다. 1960년 10월 15일에는 '재일조선인 귀국협정 무수정 연장 실현 연락협의회'가 결성되어, 더욱 조직적인 행동으로 이어졌습니다.

협정의 기한이 임박한 11월 12일, 일조 양국 적십자사는 10월 27일 회담에서 협정을 내용 그대로 1년 연장하기로 최종 합의하였습니다. 동시에 1961년 3월부터는 1회 귀국자 수를 1,200명으로 확대하여 송환 속도를 높이기로 하였습니다.

같은 해 12월 3일부터 4일까지는 일조협회가 제6회 정기전국대회를 개최하여, 일조 간 우호 증진을 결의함과 동시에 한일회담에 반대하는 입장을 공식화하였습니다. 당시 일본 사회당과 공산당도 한일회담에 반대하고 있었지만, 실제로는 북송사업을 간접적으로 지지하는 방식으로 일본 내 여론을 조정하는 데 집중하고 있었습니다.

1961년, 5.16 군사정변으로 박정희 정권이 등장한 후, 일본 내 사회당의 입장은 더욱 강경해졌습니다. 사회당은 박정희 정권을 '유엔 결의에 의해 인정받을 수 없는 정부'로 규정하며, 한국 정부와의 대화를 거부

1 '무수정 연장'이란, 재일조선인 귀국사업(북송사업)을 규정한 기존의 일본–북한 간 실무합의를 수정하지 않고 그대로 연장할 것을 요구한 구호다. 1960년 무렵 일본 정부가 귀국사업의 조건 재검토나 중단을 논의하자, 조총련·일조협회·귀국협력회 등은 "합의 내용을 변경 없이(無修正) 연장하라"라는 의미로 이 구호를 내걸고 진정서 제출, 집회, 서명운동 등을 전개했다.

하고 북한과의 협력을 강화하는 노선을 택했습니다.

이러한 국제 정세 속에서, 북한은 북송운동의 '질적 전환'을 시도하였습니다. 기술자, 기능인, 기업가 등 북한 경제 건설에 직접적으로 기여할 수 있는 인재들을 우선적으로 북송시키는 방침을 세웠고, 실제로 조선총련은 1961년 7월부터 이들에 대한 귀국 추진을 본격화했습니다. 반면, 일본인 배우자와 같이 북한 체제에 불리할 가능성이 있는 인물들은 귀국 대상에서 점차 배제하기 시작했습니다.

1962년 6월, 한국 정부는 다시 한 번 일본 정부에 북송 중지를 요청하며, "북송자들의 편지에 따르면 북한 생활은 매우 궁핍하며 자유조차 없다"라고 강조했습니다. 한국은 이 문제가 한일회담에 악영향을 미칠 수 있다는 점을 들어 협정 연장에 신중을 기해 줄 것을 요청했습니다. 이에 일본 정부는 7월 6일, 협정이 종료되는 1962년 11월 12일 이후에는 일조 적십자 간의 별도 협의에 따라 귀국 희망자를 처리하겠다는 방침을 각의에서 결정하였습니다.

한편, 공산당과 사회당은 박정희 대통령 방일 반대 집회를 비롯해 전국 각지에서 회담 반대 운동을 이어나갔습니다. 이러한 상황 속에서도 귀국 신청자는 갑작스레 증가했습니다. 특히 1962년 11월과 12월에는 각각 4,000명 이상의 신청자가 몰렸고, 일본 정부는 조선총련이 허위 신청을 한 것이 아닌지 의심하며 주의 깊게 상황을 살폈습니다.

결국 1962년 11월 8일, 귀환협정은 내용의 변경 없이 다시 한 번 연장되었으며, 별도 합의서에서는 북송선 운항을 월 1~2회, 탑승 인원은 회당 약 200명으로 조정하는 타협안이 마련되었습니다.

2. 일조 자유왕래 운동

1960년대 중반으로 접어들며, 북송사업은 점차 그 활기를 잃어가고 있었습니다. 북송자 수는 줄어들었고, 북한에 정착한 이들이 보내온 편지나 소식들을 통해, 이상과 현실의 간극이 재일동포 사회에 알려지기 시작했습니다. 조선총련은 이러한 흐름을 반전시키기 위해 새로운 구호를 내세우며 귀국운동의 방향을 전환하게 됩니다. 그 중 하나가 바로 '일조 자유왕래 운동'이었습니다.

조선총련은 이 운동을 '인도'와 '인권'을 지키기 위한 정당한 권리라는 논리로 정당화하며, 일본 정부가 재일동포에게만 왕래의 자유를 억제하고 있다고 강하게 비판했습니다. 북한 역시 이와 보조를 맞추었습니다. 1963년 7월 15일, 북한 정부는 일본 정부가 재일 외국인에게는 자유로운 왕래를 허가하면서 유독 재일조선인만을 차별하고 있다고 주장하며, 일조 간 자유왕래 실현을 강력히 요구하는 성명을 발표하였습니다.

같은 해 9월 6일, 북한은 정부 수립 15주년을 기념하여 일본 사회당 및 일조협회 인사들을 평양으로 초청하였습니다. 이어 10월 26일에는 일본에서 '재일조선인의 인권을 지키는 모임'이 결성되었고, 『조선화보[2]』 12월호에서는 이 운동에 동참한 일본 국민의 수가 7천만 명에 이른다

2 조선화보는 조선총련에서 발행하는 월간지로, 주로 북한의 정치, 사회, 경제 소식을 전하는 매체이다. 북한 정부의 정책을 홍보하는 역할을 했으며, 재일동포들 사이에서 북한과의 유대감을 형성하고 강화하는 수단으로 사용되었다. 주로 북한의 선전과 관련된 내용을 담고 있기 때문에 북한의 사회주의 체제와 업적을 강조하고, 북한과 관련된 국제적인 이슈를 다루는 기사들이 많이 포함되어 있다.

〈표 3〉 북송된 재일동포 수(1959~1984)

연도	총계	재일동포	일본인	중국인
1959	2942	2717	225	0
1960	49036	45094	3937	5
1961	22081	21027	1773	1
1962	3497	3311	186	0
1963	3393	3194	165	0
1964	1993	1890	99	0
1965	1860	1802	53	0
1966	1831	1723	108	0
1967	0	0	0	0
1968	1316	1280	36	0
1972	1003	981	22	0
1973	704	693	4	0
1974	479	475	2	0
1975	379	375	4	0
1976	256	252	4	0
1977	150	150	0	0
1978	100	100	0	0
1980	38	38	2	0
1981	34	34	4	0
1982	28	26	2	0
1983	0	0	0	0
1984	30	30	0	0
누계	93340			

는 주장이 실리기도 했습니다.

1964년 1월 29일, 조선총련은 국제적십자위원회(ICRC)에 일조 자유

왕래 실현을 요구하는 탄원서를 전달하였습니다. 그러나 ICRC는 도쿄 사무소에 보낸 회신을 통해, "전 세계 사람들이 왕래의 자유를 긍정적으로 바라보는 것은 사실이지만, 조선총련의 이번 운동은 한일회담 타결 이전의 정치적 목적이 개입된 것으로 보인다"라는 입장을 내비쳤습니다. 국제기구의 반응은 조선총련의 기대와는 거리가 있었습니다.

그럼에도 불구하고 조선총련은 운동을 계속 이어갔습니다. 1966년 7월 22일, 조선적십자는 일본 적십자사에 귀환협정의 1년 연장을 공식 요청하였고, 이에 일본 정부는 같은 해 11월 13일부터 1년 동안 협정을 연장한 후 종료하겠다는 방침을 밝혔습니다. 다만, 협정이 종료된 이후에도 자발적인 귀국 희망자에 대해서는 개별적으로 귀국할 수 있도록 편의를 제공하겠다고 하였습니다.

일본 정부는 이 시점에서 협정의 본래 목적이었던 '집단 귀국'이 사실상 마무리되었다고 판단하였습니다. 협정 체결 당시와 달리, 북송자 수는 급감하였고, 대규모 송환을 위한 체계적인 준비도 더 이상 필요하지 않다고 본 것입니다. 이러한 정책 변화는 북송사업의 방향이 집단적 이송에서 개별적 귀국으로 전환되는 중요한 분기점이 되었습니다.

3. 한일 법적 지위 협정

1965년 6월 22일, 일본 도쿄에서는 한일 양국이 역사적인 조약과 협정에 서명하게 됩니다. '일본과 대한민국 간의 기본관계에 관한 조약'

과 함께 체결된 4 개의 부속 협정 중 하나가 바로 『일본에 거주하는 대한민국 국민의 법적 지위 및 대우에 관한 협정』 이었습니다. 이 협정은 재일동포들에게 처음으로 일정한 법적 지위와 체류 안정의 기반을 마련해준 중요한 이정표가 되었습니다.

협정에 따라 한국 국적을 취득하고 '협정 영주'를 신청한 재일동포들은 기존보다 나은 대우와 보호를 받을 수 있게 되었습니다. 신청 기간은 5년으로 정해졌고, 대상자는 약 56만 명에 이를 것으로 예상되었습니다. 일본 정부는 1966년에는 약 10만 명, 전체적으로는 36만 명 정도가 신청할 것으로 기대하고 있었습니다.

하지만 현실은 달랐습니다. 신청자는 예상보다 훨씬 저조하였습니다. 협정 체결 후 1년이 지난 1967년 5월 말까지, 신청자는 약 3만 2천 명에 불과하였고, 이는 당초 기대치의 10분의 1도 되지 않았습니다.

이유는 간단하지 않았습니다. 조선총련은 협정 영주 신청을 '조선'이 아닌 '한국' 국적으로 바꾸게 만드는 행위라고 비판하며 이를 강력히 저지하고 나섰습니다. 반면, 한국 정부와 민단은 협정 영주 신청을 적극적으로 독려하며, 남한 국적 취득을 통해 안정된 체류 기반을 마련하자는 캠페인을 전국적으로 벌였습니다.

이 과정에서 양측의 공방은 일본 전역에서 치열하게 전개되었습니다. 마감 시한이 가까워질수록 한국 정부와 민단의 홍보 활동은 더욱 강화되었고, 이에 따라 신청자는 급증하게 됩니다. 특히 마지막 해인 1970년에는 무려 20만 명 가까운 재일동포가 신청하였고, 결국 최종 신청자는 35만 1,755명에 이르게 됩니다.

이러한 변화는 재일동포 사회 내에서 정체성과 국적을 둘러싼 고민이 얼마나 깊었는지를 보여주는 동시에, 시간이 흐르며 조선총련의 영향력이 점차 약화되고 있음을 시사하기도 하였습니다.

4. 귀환 협정 만료 후 개별 출국

1968년 2월 29일, 일본 적십자는 니가타에 설치되어 있던 귀국 지원 센터를 공식 폐쇄하였습니다. 이어서 3월 31일에는 국제적십자위원회(ICRC)에서 파견되었던 특별대표단도 일본을 떠나게 됩니다. 이로써 1959년 8월, 일조 양국 적십자 간에 체결된 귀환 협정에 따라 진행된 북송은 사실상 막을 내리게 됩니다. 그동안 총 155척의 귀국선을 통해 8만 8,611명이 북한 땅을 밟았습니다.

협정 종료 이후에도 북송은 완전히 끝난 것이 아니었습니다. 다만 그 방식은 집단적 송환이 아닌, 개별 출국 형태로 전환되었습니다. 1968년 1월 17일, 재일동포 두 명이 일본 법무성 입국관리국을 통해 정식 출국 수속을 마친 후, 소련 선박 바이카르호를 타고 요코하마 항에서 출항한 사례가 그 시작이었습니다.

이처럼 귀국 희망자들이 일반 외국인과 같은 방식으로 출국할 수 있도록, 일본 정부는 여권에 준하는 '출국 증명서[3]'를 발급하기로 결정하

3 1950년대 말~1960년대 초 북송사업 당시, 북한으로 가는 재일동포들은 대부분 일본 여권이 없었다. 그 이유는 대부분이 일본 국적이 아니었고, 한국 국적도 명확히 부여받지 않은 '무국적 상태'에 가까웠

였습니다. 이는 협정에 따른 귀국이 아니더라도, 각자 준비만 갖추면 북한행이 가능해졌다는 것을 의미했습니다.

당시 북한 측은 귀국 희망자들의 편의를 위해 다양한 루트를 준비하고 있었습니다. 소련의 나호토카 항을 경유하여 북한에 도착하는 정기 항로선의 이용, 혹은 무역선을 통한 입국 허용 등 다양한 방안이 검토되고 있었으며, 이를 통해 협정 없이도 귀국 문제가 자연스럽게 해결될 수 있다는 관측이 나오기도 했습니다.

이러한 변화는 북송사업이 구조적으로 새로운 국면에 접어들었음을 보여주는 상징적인 장면이었습니다. 이제는 국가 간의 협정에 의한 대규모 송환이 아니라, 개인이 스스로 선택하여 북한으로 향하는 시대가 열린 것입니다. 하지만 이 선택은 점차 줄어들고 있었고, 북송의 열기는 서서히 식어가고 있었습니다.

5. 귀국 재개와 만경봉호 운항

귀환 협정이 종료된 이후에도, 조선총련은 북송사업의 재개를 위한 활동을 멈추지 않았습니다. 특히 모스크바 회담이 진행 중이던 1970년대 초반, 조선총련은 '귀국 미료자'의 귀국을 실현하라며 일본 정부와 적십자에 지속적으로 요구를 이어갔습니다. 당시 귀국하지 못한 신청

다. 일본 정부는 이들을 '조선반도 출신의 외국인'으로 간주했고, 이들은 공식적인 여권 발급 대상이 아니었다.

자들을 '귀국 미료자(未了者)'라고 부르며, 이들의 귀환을 위한 협상이 조심스럽게 다시 시작됩니다.

1970년 12월 14일, 모스크바에서 일조 양국 적십자 대표단이 비공식 실무회담을 재개하면서 상황은 점차 진전을 보이기 시작했습니다. 북한은 이전보다 유연한 자세로 전환하였고, 1971년 2월 5일, 양측은 두 가지 합의에 도달합니다. 하나는 '귀국 미료자의 귀환에 관한 잠정 조치', 다른 하나는 '새로운 귀국 희망자의 귀환 방법에 관한 회담 요록'이었습니다. 이 합의는 북송사업의 사실상 재개를 의미하는 중요한 전환점이었습니다.

이에 따라, 1971년 5월 14일부터 10월 22일까지 총 6차례에 걸쳐 북송선이 운항되었으며, 1,081명이 북송되었습니다. 당시 귀국 희망자 수는 약 2,578명이었지만, 실제 귀국에 이른 사람은 전체의 절반에도 못 미쳤습니다. 그만큼 귀국에 대한 재일동포들의 신중함이 커졌고, 이미 북한에 정착한 이들의 실상이 일부 전해지면서 망설이는 이들도 많았던 것으로 보입니다.

1971년 5월 31일, 제1차 귀국선으로 북한에 도착한 재일동포들을 김일성이 직접 접견합니다. 그는 이 자리에서 북송사업의 재개를 북한이 얼마나 중요하게 여기고 있는지를 강조하며, 귀국자들을 위한 전용 북송선을 만들도록 지시하였습니다. 이때 탄생한 것이 바로 '만경봉호[4](万

4 1971년에 건조. 북송사업 이후에도 북한과 일본 간의 교류 및 물자 수송, 특히 조선총련과 북한간 교류에 많이 사용되었다. 1992년에 만경봉 92호가 건조되었으며, 주로 니가타항과 북한 원산항 사이를 운항하였다. 2006년 북한의 미사일 발사 이후, 일본 정부는 북한 선박의 일본 입항을 전면 금지했다.

景峰号)'였습니다.

기존에는 소련 선박이 귀국선을 담당하였으나, 김일성의 지시에 따라 북한은 자체 선박을 마련해 귀국자 수송을 전담하기로 한 것입니다. 1971년 8월 20일, 제159차선부터 '만경봉호'가 실제 귀국선으로 취항하게 되었고, 이는 이후 수년간 북송사업을 상징하는 이름이 되었습니다.

1971년 12월 17일에는 '사후 조치'에 따른 새로운 형태의 귀국이 시작되었습니다. 이는 귀국 희망자가 일정 수에 도달하면 일본 입국관리국이 일본 적십자에 명단을 전달하고, 일본 적십자는 이를 조선적십자에 전달해 북송선을 요청하는 방식이었습니다. 이러한 절차는 더 이상 협정에 의한 집단 귀국이 아닌, 개인의 출국을 지원하는 체계로 자리잡게 됩니다. 일본 적십자는 과거와 달리 귀국자에 대한 의사 확인도 하지 않았고, 실무적 관여도 최소한으로 제한하였습니다.

1972년에는 조선총련이 김일성(1912년 4월 15일생)의 60세 생일을 축하하기 위한 대규모 퍼레이드를 조직합니다. 자전거를 타고 도쿄 거리를 누빈 이 퍼레이드에는 2만 명의 청년·학생들이 참여하였고, 길가에서는 15만 명의 동포들이 이들을 응원하며 깃발과 편지를 전달하였습니다. 이들이 모은 '선물'은 총 6,500점에 달했고, 퍼레이드 축하단은 북한에 그 선물과 '충성의 편지'를 전달한 뒤, 그대로 북한에 영주하게 되었습니다. 이와 함께 약 200명의 조선대학교[5] 학생들도 집단 귀국을 선

5 조총련이 재일본 조선인 2세, 3세를 교육하기 위해 1956년 일본 도쿄도 후추시에 설립하였다. 북한 체제와 이념을 교육내용에 반영하고 있으며 일본 정부로부터 정식 대학으로 인정받지 못한다. 학생 대

택했습니다.

또한, 1972년 4월 말, 조선총련 산하의 교직원 조직인 '재일조선인교직원동맹(在日本朝鮮人教職員同盟)'은 헝가리 부다페스트에서 열리는 국제 교직자 회의에 초청받게 됩니다. 이들은 일본 정부에 재입국 허가를 요청하였고, 꾸준한 요구 끝에 제3국 여행에 대한 권리도 부분적으로 인정받게 되었습니다.

하지만 이러한 움직임에도 불구하고, 조선총련이 바라는 만큼의 대규모 북송은 더 이상 이루어지지 않았습니다. 김일성의 '유일사상체제[6]' 강화, 김정일의 후계자 부상, 내부 감시체제 확대 등 북한 정권의 변화에 실망한 많은 재일동포들이 조선총련을 떠나기 시작하였습니다. 특히 한국의 눈부신 경제 성장과 국제적 위상이 높아지면서, '조국'으로서의 북한보다는 남한에 매력을 느끼는 이들도 점차 늘어났습니다.

1972년 8월 12일부터는 '조국 단기 방문'이라는 새로운 형태의 왕래도 시작되었습니다. 일본 정부는 1980년까지 재일동포 3,249명이 성묘나 친족 방문 등을 이유로 북한을 방문하는 것을 공식적으로 허용하였고, 이로써 귀국이 아닌 왕래의 길도 조금씩 열리게 됩니다.

부분이 조선적 또는 무국적 재일 동포들이다.

6 김일성의 유일사상체제는 그의 사상과 권위를 절대화하여 국가 운영 전반을 일원화한 북한의 정치통치 체제이다.

6. 일본인 처(배우자) 문제와 논란

북송사업이 진행되던 시기, 북한으로 향한 이들 중에는 일본인 여성도 상당수 포함되어 있었습니다. 일본 정부의 발표에 따르면, 전체 귀국자 6만 8천여 명 중 일본인 처는 약 1,831명에 달했습니다. 이들은 대부분 조선총련계 재일동포와 혼인한 여성들이었고, 남편과 자녀를 따라 낯선 북한 땅으로 향했습니다.

하지만 이들 중 많은 이들이 북송 이후 소식을 끊었습니다. 편지 한 장, 전화 한 통조차 닿지 않는 현실 속에서 가족들은 점차 깊은 불안과 그리움 속에 빠지게 되었습니다.

1974년 봄, 이 문제는 한 신문 광고를 계기로 세상에 알려지게 됩니다. 전국지에 실린 한 관계자의 의견 광고가 계기가 되어, 일본인 처의 가족 일부가 서로 연락을 주고받기 시작했고, 4월 7일 '일본인 처 자유왕래 실현 운동의 모임(日本人妻自由往来実現運動の会)'이 결성되었습니다.

이어 4월 30일에는 도쿄에서 제1회 전국대회가 열렸고, 여기서 참가자들은 일본인 처의 귀성과 자유로운 왕래 실현을 강력히 호소했습니다. 운동에 참여한 가족들은 각자의 개인 사정만이 아니라, 북한에 간 일본인 처들 대부분이 공통적으로 겪고 있는 '연락 두절'과 '행방불명' 문제에 주목하기 시작했습니다.

'일본인 처 자유왕래 실현의 모임'은 조선총련에 직접 항의하기 어려운 재일동포들과 달리, 더 적극적인 움직임을 보였습니다. 전국 각지—오사카, 니가타, 나고야, 후쿠오카 등지에서 대회를 열며, 일본 적십자사, 외무성, 국회의원, 심지어 조선총련 중앙과 지방 본부에도 진정서를 제출하였습니다.

1974년 5월 24일, 일본 국회 외무위원회에서는 민사당의 나가스에 에이치(永末英一) 의원이 정부 측을 상대로 일본 국적을 가진 자를 보호할 책임이 있다고 추궁하며, 일본인 처의 자유 왕래 실현을 요구했습니다. 그 해 여름부터는 '자유왕래의 모임'이 새롭게 결성된 '구국연맹'과 손잡고, 유엔, ICRC, 미국 등 국제사회에 이 문제를 적극적으로 알리는 활동을 전개하게 됩니다.

같은 해 10월 23일, 일본 외무성은 일본인 처 문제를 인도적 관점에서 다루기 위해 '관계 실무자 회의'를 구성하였습니다. 이 회의에는 외무성, 법무성, 후생성, 일본 적십자사, 공안조사청[7], 내각조사실[8] 등이 참여하여, 귀성 절차, 안부 조사단 파견, 정부 차원의 대응 방안 등을 논의했습니다.

그로부터 얼마 지나지 않은 11월 14일, 외무성은 정무차관회의에서 일본인 처 문제에 대한 실태 보고와 함께, 이를 인도적 문제로 접근해야 한다는 방침을 설명하고 동의를 얻었습니다.

일본인 처 가족들의 움직임은 국경을 넘어섰습니다. 1976년 10월 18일, 일본인 처 가족 대표 36명이 한국을 방문하여 판문점을 견학하고 전국 강연회를 열었습니다. 하지만 이에 대해 일본 정부는 신중한 태도

7 공안조사청(公安調査庁)은 일본 법무성 산하의 정보기관으로, 국내외 공산주의 활동 및 과격파 단체의 동향을 감시하고 공공의 안녕을 유지하기 위한 조사 업무를 수행한다.

8 내각조사실(内閣調査室)은 일본 내각에 소속된 정보기관으로, 국내외 정치·경제·안보 등 주요 현안에 대한 정보를 수집·분석하여 총리와 내각에 보고하는 역할을 한다.

를 보였습니다. 당시 주한일본대사관의 니시야마(西山) 대사는 한국 정부 관계자에게 이번 방한이 북한의 보복을 초래할 수도 있다고 우려를 전하며, 일본인 처가 강제수용소에 수감될 가능성도 있다고 경고했습니다.

외무성은 일본 적십자를 통해 북한 적십자 측에 수차례 안부조사를 요청했으나, 1970년대 내내 어떠한 회답도 받지 못했습니다. 조선총련은 이 운동에 대해 강한 반감을 표출하며, 일본인 처 가족들이 공개한 편지에 대해서는 위조된 문서라고 주장했습니다. 또한 운동에 참여한 이들은 괴롭힘과 중상모략을 겪기도 했습니다.

전환점은 1980년에 찾아옵니다. 일본-조선 의회연맹(日朝議連)을 통해 일본 정부는 북한 측에 일본인 처의 안부조사와 귀성 문제에 대한 '호의적 배려'를 요청하였습니다. 같은 해 9월, 자민당 의원 방북단이 김일성과의 회담 자리에서 이 문제를 제기하자, 김일성은 이를 인도적 문제로 받아들여 협조 의사를 밝히고, 구체적 조치는 대외문화연락협회[9](대문협)와 상의하라고 지시하였습니다.

북한 측은 이때부터 상호주의 원칙을 언급하기 시작했습니다. 즉, 일본 측이 북한 고위 관료의 입국을 허용하는 정치적 교류를 수용할 경우, 일본인 처 문제도 호의적으로 검토하겠다는 입장이었습니다.

1981년 9월 24일, 일본적십자는 북송선에 탑승해 온 조선적십자 간부에게 일본인 처 9명의 명단을 전달하며 안부조사를 요청했습니다.

9 북한의 대외문화연락협회는 외국과의 문화 교류 및 친선 활동을 담당하는 기관으로, 해외 인사 초청, 친선단체와의 교류, 문화 홍보 등을 통해 북한의 대외 이미지를 제고하는 역할을 한다.

그리고 이듬해인 1982년 10월 1일, 조선적십자는 처음으로 해당 9명의 안부를 회신하였습니다. 이는 일본인 처 문제에서 북한이 공식적으로 반응한 첫 사례였습니다.

이후 북한은 일본적십자사를 통해 안부조사 협조와 가족 간 재회의 가능성에 대해 긍정적인 입장을 표명하게 되었으며, 이 문제는 단순한 외교를 넘어 인도주의와 가족의 권리라는 차원에서 천천히 그러나 의미 있는 진전을 보이기 시작합니다.

7. 집단 귀국(북송) 종료

1980년대에 접어들며, 북송사업은 서서히 마침표를 향해 나아가고 있었습니다. 1980년, 북한으로 귀국한 사람의 수는 처음으로 두 자릿수인 40명으로 줄어들었고, 1983년에는 귀국자가 단 한 명도 없었습니다. 이듬해인 1984년 7월 25일에는 30명이 귀국했지만, 이것이 집단 귀국의 마지막 사례가 되었습니다.

귀국자 수의 급감은 단순한 수치의 변화가 아니었습니다. 그것은 이 사업이 현실적으로나 상징적으로 막을 내리고 있었음을 의미하는 변화였습니다. 한때 '지상낙원'이라 불리던 북한은 더 이상 재일동포들에게 매력적인 '조국'이 아니었습니다.

북한 사회의 현실은 이미 많은 경로를 통해 재일동포 사회에 알려지고 있었습니다. 귀국자들이 보낸 편지뿐 아니라, 1979년 8월 조국 단기 방문을 통해 북한을 다녀온 이들로부터 생생한 증언이 이어졌습니다. 그들은 북한의 실제 생활 환경이 조선총련이나 북한 당국이 선전하던 내용과는 크게 다르다는 사실을 직접 목격하였습니다.

한편 북한 당국 역시 1970년대 들어 만경봉호를 포함한 자국 선박과 다수의 무역선을 통해 일본과 북한 간의 왕래를 보다 자주 할 수 있게 되었고, 굳이 대규모 북송사업을 유지할 필요성도 점차 줄어들고 있었습니다. 일본 정부도 출입국 관리상 제한을 완화하였고, 재일동포가 북한을 방문하고 다시 일본으로 돌아오는 '조국 단기 방문'이 정례화되어 갔습니다.

또한, 북한으로의 귀국을 선택했던 많은 재일동포들의 출신지는 원래 북한이 아닌 남한이었습니다. 이들에게 북한은 '조국'이라기보다 '이념의 목적지'에 가까운 선택이었기에, 한국 사회의 변화는 곧 귀국에 대한 가치 판단을 뒤흔드는 중요한 계기가 되었습니다.

1960년대와 70년대를 거치며 한국은 눈부신 경제 성장을 이루었습니다. '한강의 기적'이라 불린 산업화의 물결 속에서 남한은 점차 세계 무대에 자리 잡았고, 1988년에는 서울올림픽을 개최하며 국제사회의 주목을 받는 국가로 부상했습니다.

그 무렵, 많은 재일동포들은 남한을 방문하여 고향의 변화를 직접 목격하게 됩니다. 그 결과, 북한으로의 귀국은 더 이상 동경의 대상이 아닌 회피의 대상이 되었고, 재일동포 사회 내에서 조선총련의 영향력은 점차 약해지게 되었습니다.

이처럼 집단 귀국이라는 하나의 시대적 흐름은, 정치적 전략과 이념적 구호를 넘어서, 사람들의 삶과 선택, 그리고 진실에 대한 목소리에 의해 조용히 막을 내리게 되었습니다. 1959년 겨울, 니가타항에서 첫 귀국선이 출항한 이래 25년간 이어진 북송사업은, 이제 역사 속의 한 장으로 남게 되었습니다.

제8장

일본인 처 문제와 탈북 재일동포[1]

1980년대 후반 이후, 북송사업을 긍정적으로 평가하는 목소리는 점차 사라지고, 오히려 북송사업의 실상과 문제점을 조명하려는 증언과 저서들이 늘어나기 시작하였습니다. 조선총련 내부에서도 북송사업에 대한 회의적 목소리가 커졌으며, 이와 같은 비판은 북한의 실제 상황이 외부로 드러나는 계기가 되었습니다.

특히 1997년부터 2000년 사이, 북한에 거주 중이던 일본인 처들이 일본을 일시 방문하게 되면서 귀국사업에 대한 관심이 일본 사회에서도 다시 떠오르게 됩니다. 일본 적십자의 중재를 통해 이들이 일본에 있는 가족들과 재회할 수 있었고, 그를 계기로 북송자들의 현실과 가족들의 고통이 다시금 조명되었습니다.

또한 1990년대 중반 이후, 북한 내부의 식량난과 체제 붕괴로 북송자들 중 일부가 탈북을 시도하였고, 일본으로 돌아온 탈북 재일동포들은 다양한 사회적, 심리적 어려움에 직면하게 됩니다. 언어와 문화의 장벽, 경제적 빈곤, 북한에 남은 가족에 대한 걱정 등 이들의 삶은 여전히 해결되지 않은 과제로 남아 있습니다.

1 일본에서는 탈북귀국자(脱北帰国者)라고 부르지만, 귀국자라는 표현이 북송사업 참여자와 혼동될 수 있어, 탈북 재일동포라 표현하겠다.

1. 일본인 처의 귀성 사업과 그 한계

1984년, 제187차선을 끝으로 북송사업은 공식적으로 종료되었습니다. 이후 북한으로의 집단 귀국은 더 이상 이루어지지 않았으며, 북송사업을 긍정적으로 평가하는 논저도 점차 자취를 감추게 됩니다. 조선총련계 출판물을 제외하면, 대부분의 글과 증언은 점점 더 비판적인 시각으로 돌아서게 됩니다.

이러한 변화의 흐름 속에서, 조선총련 간부 출신이자 귀국운동에 깊이 관여했던 장명수(張明秀)는 1989년 『귀국운동은 무엇이었나』를, 1991년에는 『배신당한 낙원』을 출간하며 북송사업의 실상에 대해 문제를 제기하였습니다. 이는 북송사업을 내부에서 바라본 첫 비판적 기록 중 하나였으며, 이후 다양한 증언과 비판이 이어지는 계기가 되었습니다.

일본 정치권에서도 이 문제는 점차 공론화되기 시작했습니다. 1987년 1월 5일, 국회의원 엔도 카즈요시(遠藤和良)는 일본 정부에 일본인 처의 문제를 정식으로 제기하는 질문서를 제출하였습니다. 그는 북송된 일본인 여성들이 왜 일본으로 돌아올 수 없는지, 그 가족과 재회하거나 방문할 수 있는지 등을 물었으며, 이에 대해 일본 정부는 "일본적십자가 명부를 일부 보유하고 있으나 정확하지 않으며, 개인 정보 보호 등을 이유로 공개하지 않고 있다"라고 답했습니다. 또한 북한 측에 안부 확인과 재회 요청을 여러 차례 해왔지만 제한적인 회답만 받았으며, 국교가 없는 상황에서는 보다 적극적인 대응이 어렵다는 점도 언급하였습니다.

1988년 11월 16일, 초당파 의원들로 구성된 '일본인 처 자유왕래촉진 의원연맹'이 결성되었습니다. 이 연맹은 북한으로 간 일본인 처들의 자유로운 왕래를 촉진하기 위한 목적으로 활동을 시작하며, 국회 차원의 논의로도 확산되었습니다.

1990년 9월 28일, 자유민주당[2], 일본사회당[3], 조선노동당이 공동선언을 통해 국교 정상화를 본격 추진하기로 하면서, 양국 간 외교 대화가 다시 시작됩니다. 이듬해인 1991년 1월부터 시작된 국교 정상화 교섭에서는 일본인 처의 귀성 문제도 하나의 주요 의제로 다루어졌습니다. 같은 해 11월, 북한은 일본 측이 요청한 일본인 처 20명의 안부 조사 결과를 회답하였으며, 이 중 6명은 생존, 5명은 사망, 1명은 해당 없음이라는 결과를 통보하였습니다.

그러나 1992년 11월 5일, 일본인 납치 피해자 다나카 야에코(田中八重子) 문제로 일조 교섭은 전면 중단되었습니다. 이후 약 7년 반 동안 교섭은 열리지 않았으며, 이 시기 북한의 핵 개발 문제와 김일성 사망(1994년 7월 8일) 등이 겹치면서 외교적 대화는 더욱 어려워졌습니다.

이 와중에도 일본 시민사회는 북송자 가족의 인권 보호를 위한 활동을 이어갔습니다. 1993년 6월 3일, 오사카에서는 'RENK(구하라! 북한의 민중/긴급행동 네트워크)'가 결성되었고, 같은 해 11월 7일에는 도쿄에서 약 200명이 참가한 '북한 귀국자 유가족 증언 집회'가 개최되었습

---

2 자유민주당(自由民主党, 자민당)은 1955년 보수 합당으로 결성된 일본의 보수 성향 정당으로, 전후 대부분의 기간 동안 집권한 일본 최대 정당이다.

3 일본사회당(日本社会党)은 1945년 결성된 일본의 대표적 좌파 정당으로, 평화헌법 수호와 반전·반핵을 주창했으며 1996년 이후 사민당으로 계승되었다.

니다. 1994년 2월 20일, 도쿄에서는 '북한 귀국자의 생명과 인권을 지키는 모임'이 창설되었고, 같은 해 아이치현(愛知県)에서는 '귀국자, 가족을 도와주는 아이치의 모임'도 결성되어 전국적인 네트워크가 형성되어 갔습니다.

이러한 흐름은 북한에도 일정한 영향을 주었습니다. 1997년 5월, 북한은 일조 외무성 간 비공식 협의에서 일본인 처들의 일시 귀성을 허용하겠다는 의향을 밝히게 됩니다. 이어 같은 해 8월 22일, 베이징에서 열린 일조 외무성 심의관급 회담에서는 일본인 처 귀성과 국교 정상화 교섭의 재개에 양측이 합의하였습니다.

그 결과, 1997년부터 2000년까지 세 차례에 걸쳐 북한에 거주하던 일본인 처들이 일본을 방문할 수 있는 일시 귀성 사업이 진행됩니다. 이 사업은 일본 적십자의 중재를 통해 이루어졌으며, 총 43명이 귀국하여 일본 내 가족과 극적인 재회를 할 수 있었습니다. 오랜 단절 끝에 이루어진 이 재회는 일본 사회에 깊은 울림을 주었고, 한동안 사라졌던 북송사업에 대한 관심도 다시 높아지게 되었습니다.

하지만 고이즈미 준이치로(小泉 純一郎) 당시 일본 총리의 2002년 9월 방북 이후, 일본인 처들의 귀국은 기대되었으나, 북한의 허용 거부와 일본 정부의 제한된 대응, 국제적 관심 부족 등으로 인해 실현되지 않았습니다. 이로 인해 일본인 처들의 귀국은 중단되었습니다. 일본 정부의 최우선 과제는 북한에 의한 일본인 납치 문제 해결이었기 때문입니다. 고이즈미 총리는 김정일 국방위원장과의 정상회담에서 일본인 납치를 공식 사과 받고, 생존자 5명의 일본 귀국을 성사시켰습니다.

당초 고이즈미 총리는 일본인 납치자 문제뿐 아니라 일본인 처와 그 가족의 귀국 문제도 다룰 의도가 있었지만, 당시 일본 내 여론은 납치 문제 해결에 집중되어 있었고, 북한 측도 납치 문제 외에는 소극적인 태도를 보였습니다. 이로 인해 일본인 처의 귀국 문제는 우선순위에서 밀려 후속 협의로 넘겨졌고, 이후 북한과의 관계가 경색되면서 실제 귀국은 이루어지지 않게 되었습니다.

현재 일본 사회 내에서는 일본인 처들의 상황을 조명하는 다큐멘터리와 연구가 지속적으로 발표되고 있습니다. 이러한 활동들은 일본인 처들의 귀국 문제에 대한 사회적 관심을 유지하는 데 기여하고 있으나, 실질적인 귀국 실현에는 아직까지 뚜렷한 진전이 없는 상황입니다.

2. 탈북 재일동포의 실상과 문제점

북한의 정치·경제적 환경은 북송자들에게 결코 녹록지 않았습니다. 처음에는 '조국으로 돌아간다'는 기대와 감동으로 가득했던 이들이었지만, 현실은 상상과는 전혀 달랐습니다. 특히 북한 체제 내부에서의 감시, 언어 장벽, 생활고는 많은 북송자들에게 커다란 시련이 되었고, 일부는 이러한 현실을 견디지 못하고 탈북을 결심하기에 이릅니다.

1960년대부터 이미 귀국자들 가운데 탈출을 시도하는 사례가 나타났습니다. 대표적인 인물로 김행일[4](金幸一)은 1962년 11월, 무려 38선을 도보로 넘어 남한으로 망명에 성공했습니다. 이어서 1963년 7월 말에는 김종국(金鍾国)이 청진항에 정박해 있던 일본 배에 몰래 숨어 타는 데 성공하여, 8월에 시모노세키항에 도착했습니다. 그는 탈북 재일동포 중에서 일본으로 직접 망명에 성공한 드문 사례로 남아 있습니다.

하지만 이처럼 성공한 경우는 매우 예외적인 일이었습니다. 탈북을 시도한 대부분은 도중에 체포되거나 처형당했으며, 북송자 가족 전체가 감시 대상이 되는 경우도 많았습니다. 김행일의 증언에 따르면 청진항과 웅기항 등지에서 비슷한 시도의 사례들이 있었지만, 안타깝게도 거의 모두 실패로 끝났다고 전해집니다.

1966년에는 캄보디아 프놈펜에서 열린 아시아신흥경기대회에 북한 대표 선수로 참가했던 복서 김귀하(金貴河)가 한국으로 망명을 요청한 사례도 있었습니다. 한국 정부는 김 선수를 보호해달라고 일본대사관에 요청했지만, 일본 측은 이를 받아들이지 않았고, 결국 김귀하는 캄보디아 당국에 넘겨져 북한으로 송환되고 말았습니다.

이와 같은 탈북 사례들은 대부분 특수하고 예외적인 상황에서 발생한 일들이었으며, 특히 일본에서 귀국한 재일동포들의 탈북은 1990년대 중반까지는 거의 알려진 바가 없었습니다.

그러나 1990년대 중반 이후, 북한 사회는 심각한 위기에 직면하게 됩니다. 바로 '고난의 행군'이라 불린 식량난과 체제 약화의 시기였습니다. 이 시기 이후, 북한을 탈출해 한국이나 일본으로 향하는 북송자 출신들의 사례가 본격적으로 등장하게 됩니다. 이들은 더 이상 이념이나

4 김행일(金幸一)은 1961년 북송되었다가 1962년 한국으로 탈북한 재일동포 2세로, 이후 조총련을 상대로 손해배상 소송을 제기하며 북송사업의 실태를 폭로한 인물이다.

신념을 따라 움직이는 이들이 아니었습니다. 생존을 위한 절박한 선택이었고, 아이들과 가족을 위한 마지막 시도였습니다.

1996년 이후에는 북송자 당사자뿐 아니라 일본인 배우자, 2세, 3세에 이르기까지 여러 세대의 북송자들이 비밀리에 일본으로 돌아오는 일이 이어졌습니다. 이제 북송은 과거의 '귀국'에서, 새로운 의미의 '귀환'으로 바뀌게 된 것입니다.

이러한 상황에서 일본 정부는 일정한 대응 조치를 마련하기 시작했습니다. 2010년에는 북한으로 건너갔던 귀국자의 4촌 이내 친족[5]에 대해서는 '비호 입국'을 허용한다는 방침을 세워, 귀환을 도운 사례도 있습니다. 이는 과거 북송사업에 깊이 관여했던 정부와 사회가, 점차 변화된 현실 속에서 실질적인 지원책을 마련하려는 시도의 일환이었습니다.

한편, 2002년 9월 17일, 고이즈미 준이치로 총리는 북한을 방문해 김정일과 정상회담을 가졌고, 이 자리에서 김정일은 일본인 납치 사건에 대해 공식적으로 사과하였습니다. 이른바 '일조 평양선언'이 발표되었고, 납치 피해자 가운데 생존해 있던 5명이 가족과 함께 일본으로 귀국하게 됩니다. 그러나 북한이 통보한 '8명 사망'이라는 내용은 일본 국민에게 큰 충격을 안겼으며, 이후 일본 정부는 납치 문제를 대북 교섭의 최우선 과제로 설정하게 됩니다. 그 결과, 국교 정상화를 위한 협상은 다시 중단되었고, 탈북 재일동포 문제도 그 틀 안에서 정체되는 상황이 이어졌습니다.

5 김정은의 생모 고용희는 북송된 재일동포 출신으로 알려져 있다.

2019년 기준, 일본에는 약 200명의 탈북 재일동포가 정착해 있는 것으로 알려졌습니다. 하지만 이들은 여전히 언어와 취업의 어려움 속에 놓여 있으며, 무엇보다 북한에 남아 있는 가족에 대한 걱정과 두려움 속에서 조심스럽게 살아가고 있습니다. 자신의 탈북 사실을 외부에 알리는 것조차 주저하는 이들이 많으며, 이들의 존재는 일본 사회에서도 아직 충분히 조명되지 못하고 있습니다. 이러한 어려움에도 불구하고, 일부 탈북자들은 일본에서의 삶을 이어가며, 북한의 실상을 알리는 활동에 참여하고 있습니다.

맺음말

이 책을 쓰기로 마음먹은 건 작년 6월이었습니다. 북송사업이 시작된 지 65주년이 되는 해를 맞아, 흩어져 있던 자료들을 정리해 한 권의 책으로 엮어보자는 생각이 들었습니다. 7~8월에는 자료를 모으고 목차를 구상했으며, 9월부터 본격적으로 집필을 시작했습니다.

실제 집필 기간은 짧은 시간이었지만, 그 안에서 겪은 고민과 배움은 결코 가볍지 않았습니다. 가장 어려웠던 점은 제가 이 주제에 대해 전문적인 지식이 충분하지 않았다는 점이었습니다. 그래서 여러 자료를 이해하고 정리하는 데 시간이 오래 걸렸고, 어떤 내용을 우선 다룰지 정하는 데에도 많은 고민이 필요했습니다.

또한, 물리적인 거리나 자료 접근의 제한으로 인해 확인하지 못한 내용도 있고, 절차가 복잡해서 포기해야 했던 자료들도 있었습니다. 그 과정에서 놓친 부분이 있다는 것이 아쉽게 남습니다.

더 깊이 조사하고 싶은 마음은 컸지만, 일정상 충분히 담지 못한 점도 있습니다. 초반에는 사건들을 나열하고 정리하는 데 집중했지만, 글을 써 내려가면서 무엇을 강조하고 어떤 시선으로 바라볼지가 더 중요하다는 생각이 들었습니다.

무엇보다도 글의 문체를 쉽게 바꾸는 과정이 생각보다 어려웠습니다. 초벌의 글 표현이 너무 어렵고 딱딱하게 느껴졌기 때문에, 보다 많은 분들이 이해할 수 있도록 쉬운 문장으로 풀어쓰는 데에도 많은 시간이 걸렸습니다. 이 책이 학술서가 아니라, 누구나 읽을 수 있는 책이 되기를 바랐기 때문입니다.

이 책이 그동안 주목받지 못했던 이야기들을 조금이나마 담아내고, 독자들에게 새로운 시선과 질문을 던질 수 있다면, 그 자체로 의미 있는 시작이라고 생각합니다. 이번 작업을 통해 역사는 단지 과거의 일이 아니라 오늘을 이해하는 열쇠라는 것을 다시 느꼈습니다. 앞으로는 이 책에서 다루지 못한 이야기들도 더 깊이 있게 탐구해나갈 생각입니다.

이 책이 작지만 의미 있는 첫걸음이 되어, 북송사업에 대한 더 많은 연구와 성찰로 이어지기를 바랍니다.

참고자료

金英達·高柳(1996)『北朝鮮帰国事業関係資料集』新幹社
木村健二(1989)『在朝日本人の社会史』未来社
東定宣昌(1994)「明治期'日本における最初の朝鮮人労働者-佐賀県長者炭坑の炭坑夫—」『「韓国併合」前の在日朝鮮人』明石書店
森田芳夫(1996)『数字が語る在日韓国·朝鮮人の歴史』明石書店
金英達(2003)『金英達著作集Ⅱ 朝鮮人強制連行の研究』明石書店
外村大(2004)『在日朝鮮人社会の歴史学的研究—形成·構造·変容』緑蔭書房
在日本大韓民国青年会(1988)『아버지聞かせてあの日のことを—"我々の歴史を取り戻す運動"報告書』
終戦連絡中央事務局『GHQへの日本政府対応文書総集成:外務省記録「連合軍司令部往信綴」1』東京エムティ出版
森田芳夫(1955)『在日朝鮮人処遇の推移と現状-法務研究報告書第四三集 第三號』法務研修所
厚生省援護局編集(1978)『引き上げと援護30年の歩み』厚生省
金太基(1997)『戦後日本政治と在日朝鮮人問題 SCAPの対在日朝鮮人政策1945~1952』勁草書房
歴史学研究会編(1990)『日本同時代史1 敗戦と占領』青木書店
金賛汀(2004)『朝鮮総連』新潮社
朴慶植(1989)『解放後在日朝鮮人運動史』三一書房
外務省政務局特別資料課(1978)『在日朝鮮人管理重要文書集』潮北社
引揚援護庁(2000)『引揚援護の記録』クレス出版
終戦連絡中央事務局管理部(1991)『日本占領·外交関係資料集-終戦連絡中央事務局·連絡調整中央事務局資料-第4巻』柏書房
金三洙(1993)『韓国資本主義国家の成立過程1945~1953年 政治体制·労働運動·労働政策』東京大学出版会
朴正鎮(2012)『日朝冷戦構造の誕生 1945~1965 封印された外交史』平凡社
梁永厚(1994)『戦後·大阪の朝鮮人運動-1945~1965(朝鮮近代史研究双書13)』未来社

菊池喜晃(2020)『北朝鮮帰国事業の研究－冷戦下の「移民帰還」と日朝·日韓関係』知泉書館
大沼保昭(1993)『単一民族社会の神話を超えて 在日韓国·朝鮮人と出入国管理体制』東信堂
金東祚(1993)(林健彦訳)『韓日の和解 日韓交流 14年の記録』サイマル出版会
矢次一夫(1973)『わが浪人外交を語る』東洋経済新報社
李瑜煥(1971)『在日韓国人60万－民団·朝総連の分裂史と動向』洋々社
民団70年史編纂委員会(2017)『民団70年史』在日本大韓民国民団
小此木政夫·磯崎敦仁(2009)『北朝鮮人と人間の安全保障』慶應義塾大学出版会
林典子(2019)『フォト·ドキュメンタリー朝鮮に渡った「日本人妻」―60年の記憶』岩波書店
張明秀(1989)「帰国運動は何だったのか」『民涛』9号
韓徳銖(1986)『主体的海外僑胞の思想と実践』未来社
坪井豊吉(1989)『在日同胞の動き―在日韓国人(朝鮮)関係資料－』自由生活社
『朝日新聞』1955年~1959年 関連記事
『読売新聞』1997年 関連記事
『産経新聞』1959年 関連記事
『解放新聞』1955年3月~1959年 関連記事
『日本経済新聞』1959年 関連記事
衆議院正式サイト
「朝鮮民主主義人民共和国(北朝鮮)帰還の日本人妻に関する質問主意書」1987年1月5日
「朝鮮民主主義人民共和国(北朝鮮)帰還の日本人妻に関する質問に対する答弁書」1987年1月13日

그들은 왜 북으로 갔을까

WHY DID THEY GO NORTH?

The Hidden Story of Zainichi Koreans' Repatriation to North Korea

재일동포 북송의 숨겨진 이야기

Sujeong Baek

Foreword

As I begin this book, I want to make a frank confession: until I graduated from high school and went to study in Japan, I had never even heard of the 'repatriation program for Zainichi Koreans'[1].

Living in Japan naturally introduced me to Chongryon(the General Association of Korean Residents in Japan)[2] and the network of Korean schools, making the reality of a divided peninsula feel all the more vivid. Yet even while working as an elementary teacher at an overseas Korean school, I was always cautious about discussing North-South issues with my students. Whenever the topic of North Korea arose in front of children from diverse backgrounds, I hesitated, unsure how to explain. In Japanese society, the division felt like a small pebble in my shoe—an ever-present discomfort I couldn't simply ignore.

1 There are various expressions used, depending on the countries and parties involved. In Japan, they use the terms "Repatriation Program to North Korea (北朝鮮帰国事業), Repatriation Program (帰国事業), Return Program to North Korea (北朝鮮帰還事業), and Return Program (帰還事業)". In Korea, the expressions" Repatriation of Zainichi Koreans (재일교포 북송) and Repatriation Program for Koreans in Japan (재일조선인 북송사업)" are used.

2 The General Association of Korean Residents in Japan, commonly known as Chongryon, is an organization representing ethnic Koreans in Japan who support North Korea and has served as a diplomatic liaison with the North Korean government. Founded in 1955, Chongryon has established networks across various sectors—including education, the media, and commerce—and has emphasized the identity and ethnic education of Korean residents through the operation of Korean schools.

One day, I learned from an acquaintance about a relative whose father and brothers had been repatriated to North Korea. For a time they exchanged letters and sent money and supplies, but after the father's death, all communication with the remaining brothers was severed. Hearing this, I was struck once again by how the repatriation program is not merely a historical event, but an unfinished reality for some even today.

As a journalist, I began to tackle this issue in earnest. In the process, I learned that in Japan, more than 90,000 Zainichi Koreans had left for North Korea under the so-called "Repatriation Program (帰国事業)". Most of them applied to return through Chongryon, and it was presented as an unprecedented, large-scale humanitarian initiative involving the Japanese government, North Korea, and even the Japanese Red Cross Society. Yet beneath that facade lay a complex shadow of interstate strategy, regime propaganda, and human rights abuses.

The Repatriation Program for Zainichi Koreans was carried out from 1959 to 1984 through the cooperation of North Korea, the Japanese Red Cross Society, Chongryon, and the Japanese government. In total, 93,340 people—including repatriates and their family members—participated in the program.

With North Korea's dire human rights situation now widely known, I couldn't help but wonder why so many people still chose to go there and how the Repatriation Program began and unfolded. To find answers, I began reading a wide range of sources and documents. Through that research, I discovered that the Repatriation Program isn't merely a historical episode but a modern human-rights issue as significant as North Korea's nuclear and missile challenges and the abduction of Koreans and Japanese.

Also, in Osaka there's a neighborhood where Zainichi Koreans who were repatriated to North Korea but later defected and returned now live quietly together. Although I haven't had the chance to visit myself, I've heard that they continue to bear the trauma of their time in North Korea, endure economic hardship, and struggle with language barriers. Hearing their stories drove home for me that this isn't a closed chapter of the past, but an ongoing reality even today.

Recently, victims of the Repatriation Program have taken their cases to Japanese courts seeking compensation. In 2023, Zainichi Koreans who had been sent to North Korea and later defected back to Japan sued the North Korean government, and the Tokyo High Court ruled that "North Korea's false propaganda and restrictions on leaving the country constitute ongoing illegal acts." That the Repatriation Program is still being litigated underscores that this is not merely a chapter of history, but an issue that persists to this day.

This book is organized chronologically, tracing the formation of the Zainichi Korean community, the unfolding of the Repatriation Program, and the developments that followed. In each chapter, I explain the key events alongside their historical contexts so that readers can fully grasp the program's overall narrative. I have devoted the greatest portion of the book to the period between liberation and the launch of the repatriation effort, since that phase most vividly reveals the background of Korea's division and the deep wounds it inflicted.

This book is not an academic monograph. It's a rather personal record, compiled by excerpting and summarizing the various sources I studied and read. Yet I earnestly hope that this individual inquiry will spark awareness among a wider audience of the Repatriation Program—a chapter of history that remains all too little known.

Most of the materials discussed in this book are publicly available sources accessible within Japan. Therefore, there may be limitations to the information, and if any factual inaccuracies emerge, I hope they will spark deeper discussion. I aspire for this book to serve as the starting point for that dialogue.

The Repatriation Program is by no means an issue confined to the past. Even today, unresolved problems remain—and they are undeniably matters of human rights. We must not forget the pain and sacrifice endured by so many on that long journey.

Finally, I wish to express my heartfelt gratitude to everyone who helped bring this book to life. Above all, I am deeply thankful to former chairperson Park Sun-young and chairperson Cha Dong-gil of the Mulmangcho Foundation; their unwavering support and generous advice throughout the planning and editing process made this publication possible. I am also sincerely grateful to my family and friends for always believing in and encouraging me—your support has been a tremendous source of strength.

Osaka, May 2025

Sujeong Baek

Contents

Chapter 3
The Korean War and Zainichi Koreans

Chapter 4
The Repatriation Movement of Zainichi Koreans(1953-1955)

Chapter 5

The General Association of Korean Residents in Japan (Chongryon) and the Northward Repatriation Movement (1955-1958)

Chapter 6

Expansion of the Northward Repatriation Movement

Chapter 7

Developments in the Northward Repatriation Program

Chapter 1

Formation of the Zainichi Korean Community[1] in Japan

By 1945—just before Korea's liberation—the number of Koreans residing in Japan had swelled to roughly two million. In this chapter, I offer a concise, chronological overview of how that Zainichi community took shape.

The community's origins trace back to the late nineteenth century, when treaty arrangements between Korea and Japan first prompted migration. Over the course of the Japanese colonial period, its numbers grew steadily. In the beginning, most Koreans moved voluntarily in search of work, but later, the Japanese Empire forcibly mobilized them to fuel its wartime efforts and industrial expansion, triggering mass relocation.

Since this book focuses on the Repatriation Program, I will limit myself here to sketching the broader historical backdrop rather than detailing every social initiative or political development. Grasping this trajectory is essential for understanding why so many Zainichi Koreans ultimately turned northward to North Korea.

1 In this book, the term "Zainichi Koreans" (在日同胞) refers not only to those holding Korean nationality but also to people born in Japan, their descendants, and long-term residents. For those who migrated to Japan before Korea's liberation, we will appropriately use the term "Zainichi Joseonin."

1. Early Migration of Koreans (1883-1910)

After the Meiji Restoration[2], Japan pursued rapid industrialization and modernization by actively adopting Western institutions. As demand for labor soared, exchanges with Korea gradually intensified.

The 1876 Japan-Korea Treaty of Amity (commonly called the Treaty of Ganghwa)[3] was a pivotal moment that forced Korea to open its ports to Japan and marked the beginning of formal diplomatic and trade relations between the two countries. Under this agreement, Korea ceded the ports of Busan, Wonsan, and Incheon, providing Japanese merchants and businesses with a foothold on the peninsula. As a result, more and more Koreans began traveling to Japan.

During this period, Koreans who migrated to Japan had diverse objectives. The main groups were diplomats tasked with establishing diplomatic relations with Japan, students on government scholarships and their families, individuals who sought asylum from political persecution, merchants active

2 Meiji Restoration (明治維新) refers to the sweeping political, social, and economic modernization reforms that began in Japan in 1868. It overthrew the Tokugawa Shogunate and established a centralized, emperor-led state, introducing Western-style military forces, educational systems, and industrial institutions to transform Japan into a modern nation.

3 The Treaty of Ganghwa, signed in 1876, was the first modern unequal treaty between Japan and Joseon Korea. Coerced under the threat of Japanese warships, it nominally recognized Joseon as an independent state while forcing it to open the ports of Busan, Wonsan, and Incheon. Under its terms, Japan secured extraterritorial rights and trade privileges, propelling Joseon down the path of full-scale foreign encroachment.

in promoting trade, and laborers employed by Japanese companies.[4]

In 1883—the year Incheon Port first opened—only sixteen Koreans were living in Japan. By 1897 that number had climbed to 155, and by 1909 it reached 790. Although still a relatively small community, these early arrivals set the stage for much larger waves of migration to come.

2. Expansion of Korean Migration during the Japanese Colonial Period (1910-1945)

After the 1910 Japan-Korea Annexation[5], Joseon became a Japanese colony, and Korean migration to Japan surged. Two main factors drove this increase: one was the Empire's forced mobilization of labor to support its wars and industrial expansion[6], and the other was deepening poverty and systemic discrimination on the peninsula[7]. Particularly during World War II, large

4 In the late 1890s, there was mass recruitment at mines in the Kyushu region. The coal-market boom spurred by the Russo-Japanese War (1904–1905) made Japan's labor shortage a serious problem.

5 On August 22, 1910, Korea was formally annexed by Japan through the signing of the 'Japan-Korea Annexation Treaty(韓日併合條約)', concluded between Korean Prime Minister Yi Wan-yong and Japanese Resident-General Terauchi Masatake. As a result, Korea lost its national sovereignty and was fully incorporated into the Japanese Empire.

6 The Japanese government forcibly mobilized Korean laborers for various purposes, including manual labor, skilled labor, military service, military support roles, and as so-called "comfort women" for the military.

7 In the late 19th century, Korea was politically and economically unstable. Popular uprisings, such as the

numbers of Korean workers were conscripted into Japanese factories, mines, and railways.

In 1939, the Japanese government issued the National Mobilization Order[8]. This decree was designed to strengthen Japan's wartime total mobilization system by compelling its citizens to engage in labor related to the war effort, particularly in the munitions industry. While the order initially applied to male Japanese nationals between the ages of 16 and 40, it was later expanded to include colonial subjects, notably Koreans, who were conscripted in large numbers. As a result, countless Koreans were forcibly taken not only to mainland Japan but also to regions such as Manchuria, Sakhalin, and the South Pacific, where they endured harsh and exploitative working conditions. In addition, many Koreans migrated to Japan voluntarily due to the collapse of rural communities and economic exploitation in Korea. Widespread land dispossession, heavy taxation, and declining agricultural productivity made it increasingly difficult for farmers and laborers to survive, leaving them with little choice but to seek better job opportunities in Japan.

Alongside this, there were Korean elites who migrated to Japan for educa-

---

Donghak Peasant Movement of 1894, broke out across the country. To suppress the unrest, the Korean government requested military assistance from the Qing dynasty, which in turn prompted Japan to intervene. The eventual annexation of Korea was the result of Japan's step-by-step diplomatic and military strategy aimed at turning Korea into a colony.

8 The official name was the National Mobilization Order (国民徴用令), Imperial Ordinance No. 451, and it came into effect on July 1, 1939. As the mobilization was mandated by the government, the order included provisions for punishment in the event of noncompliance.

tional or commercial activities. They chose to study in Japan or voluntarily settled there in search of business opportunities, but they represented only a small fraction of the total Korean migrant population. As voluntary migration and forced mobilization took place simultaneously, hundreds of thousands of Koreans relocated to Japan during the colonial period, and those who remained there after the war ended—unable to return home—became the foundation of today's Korean community in Japan.

Table 1. Population of Koreans in Japan(1882-1909)

Year	Number of People	Year	Number of People
1882	4	1896	19
1883	16	1897	155
1884	1	1898	71
1885	1	1899	188
1886	0	1900	196
1887	6	1901	355
1888	7	1902	236
1889	8	1903	224
1890	9	1904	233
1891	6	1905	303
1892	5	1906	254
1893	7	1907	459
1894	7	1908	459
1895	12	1909	790

Chapter 2

From Liberation to the Korean War

This chapter examines the immediate post-liberation repatriation[1] issue of Korean residents in Japan, focusing on how the Japanese government, the Supreme Commander for the Allied Powers (SCAP)[2], the governments of North and South Korea, and Zainichi Korean ethnic organizations responded. Although over two million Korean residents in Japan at that time desperately wished to return to their homeland, the Japanese government and SCAP prioritized repatriating Japanese nationals and did not provide sufficient support for Korean returnees.

The Ukishima Maru[3] incident on August 24, 1945, cast a tragic shadow over many

1 Although both "repatriation" and "return" imply coming back, they differ in nuance: "repatriation"(귀환) denotes going back to one's original place or residence, while "return"(귀국) refers to coming back to one's home country from abroad. Since this book is set in the postwar period and does not center on nationality, we will use "repatriation."

2 SCAP (Supreme Commander for the Allied Powers) was the governing institution set up by the Allied Powers to occupy and administer Japan after World War II, and the term generally refers to the Supreme Commander himself, General Douglas MacArthur, and his entire office. It was headquartered in Tokyo and was also known as GHQ (General Headquarters).

3 The Ukishima Maru Incident (浮島丸事件) refers to the explosion and sinking of the Japanese military transport ship Ukishima Maru on August 24, 1945, near Maizuru Port in Kyoto Prefecture, while it was carrying Korean residents in Japan. Although the Japanese government declared it an accident caused by a naval mine, theories of deliberate sabotage have persisted to this day. As a prime example of Koreans facing discrimination and sacrifice immediately after liberation, the incident remains an unresolved chapter of history due to the lack of a full investigation.

repatriation journeys. In this chapter, we will outline how post-liberation Japan, the U.S. occupation authorities, the governments of North and South Korea, and organizations of Korean residents in Japan provided repatriation support—demonstrating that returning home was not merely a logistical matter but a complex process shaped by political and social forces.

1. Repatriation Measures for Zainichi Koreans by the Japanese Government Immediately After Liberation

Immediately after liberation, the Japanese government made the repatriation of some 6.6 million Japanese nationals living overseas its top priority. Accordingly, it launched systematic preparations for their return—securing transport ships, refurbishing ports, and providing administrative support—and treated these measures as a higher priority than the repatriation of other ethnic groups, such as Koreans, Taiwanese, and Chinese.

According to statistics from Japan's Ministry of Home Affairs[4] and Ministry of Health and Welfare[5], by late 1944 some 1.9 million Koreans were

4 The Ministry of Home Affairs (内務省) was one of the central administrative agencies of the Japanese government, responsible for a wide range of duties including domestic administration, policing, local self-government, and maintaining public order. It was abolished in 1947, and its functions were reorganized among several ministries. Today, the Ministry of Internal Affairs and Communications (総務省) and the National Police Agency (警察庁) have inherited its main functions.

5 The Ministry of Health and Welfare (厚生省) was a central administrative agency of the Japanese govern-

residing in Japan, and when roughly 70,000 military personnel and auxiliaries are included, the total was estimated to exceed two million. In October 1945, immediately after the war ended, the Japanese government presented to General Headquarters (GHQ) a report estimating that about 2.04 million Koreans were eligible for repatriation.

Around the time of the August 15, 1945 declaration of liberation, many Korean residents in Japan longing for repatriation gathered at major ports such as Shimonoseki and Senzaki in Yamaguchi Prefecture and Hakata in Fukuoka Prefecture. These ports were especially crowded with soldiers, laborers, and ordinary community members awaiting repatriation.

On August 21, 1945, the Japanese government enacted the Decision on the Policy for the Release of Requisitioned Koreans and Others (応徴朝鮮人等の解除方針の決定) and ordered the discharge of general conscripted laborers. Immediately after liberation, approximately 244,000 Koreans served in the Japanese military and as military auxiliaries, attached to Army and Navy units throughout Japan and abroad. The Allied forces then separated overseas Koreans from Japanese military units and held them in separate camps, with their repatriation often proceeding on a different schedule. Some returned to Japan alongside Japanese troops and, together with those who had

ment responsible for policies on public health, welfare, labor, and medical care. In 2001, it was reorganized into the Ministry of Health, Labor and Welfare (厚生労働省), which now oversees integrated health, welfare, and labor policies.

remained, hastened their repatriation. However, others at that time chose to continue residing in Japan.

In late August, Japan began repatriating military personnel and civilians from overseas, but it had yet to establish a proper support system for Korean repatriation. Instead, some local administrative authorities[6] took it upon themselves to facilitate repatriation, leaving many Korean residents in Japan to charter vessels at their own expense, board ships brought in by Japanese authorities at ports like Busan, Masan, and Yeosu, or pay steep fares to hire small boats home. Under these dire conditions, repatriates faced hazards such as naval mines, piracy, and maritime accidents.

The most tragic of these was the 'Ukishima Maru sinking incident' on August 24, 1945. The 4,730-ton naval transport ship Ukishima Maru (浮島丸), which had departed Niigata Port bound for Busan on August 21 with 2,838 forcibly mobilized Korean residents and 897 civilians onboard, struck a naval mine while attempting to anchor near Maizuru Port in Kyoto Prefecture around 5 p.m. and sank. This catastrophe[7] claimed more than 500 lives, profoundly shocking those awaiting repatriation.

The Japanese government, albeit belatedly, began to develop support measures for the repatriation of Koreans, focusing on the Ministry of Health and

6 Fukuoka Prefectural authorities independently repatriated 300 soldiers from among the Korean residents in Japan who had gathered at Hakata Port back to Korea.

7 In total, 175 bodies were recovered, and eight of the initially rescued later died. During the first hull recovery operation in 1950, 103 sets of remains were retrieved, and a further 245 were recovered in 1954.

Welfare and the Ministry of Home Affairs. On September 1, 1945, the Ministry of Health and Welfare delivered urgent repatriation guidelines[8] to local administrative bodies for approximately 320,000 Koreans who had been forcibly mobilized as laborers. Transport priority was assigned first to those in the civil-engineering sector and then to coal-industry workers[9]. Although these guidelines included provisions for wage payments, food supplies, and accommodation, they proved virtually impossible to implement because many workplaces had already closed after the war.[10]

In mid-September, the Railway Directorate[11] implemented measures restricting passenger transport bound for Korea, and the Japanese govern-

8 Emergency Measures for Collectively Relocated Korean Laborers and Others (朝鮮人集団移入労働者等の緊急措置)

9 Coal was a resource Japan had to protect at all costs and secure reliably, since it underpinned steel production, power generation, and the military-industrial sector essential for waging war. By assigning coal-related laborers among the forcibly mobilized Zainichi Joseonin last, you can discern the Japanese government's underlying intent and strategic calculations.

10 Employers were required to assign a company-appointed supervisor to accompany workers during their journey to Busan and to maintain their employment status until repatriation. Wages were to be paid as usual, and those without work were to receive an idle-time allowance equal to 60% of the standard daily wage. Employers were also instructed to continue providing accommodation and food on the same terms as before. However, these directives proved unrealistic: factory and construction business owners whose operations had ceased after the war could no longer sustain employment of Zainichi Koreans, and most Koreans who had worked in munitions factories had already been laid off. From the end of the war through early October—a period of about two months—approximately 4.13 million people were dismissed within Japan; when returned soldiers and overseas returnees are added, Japan's total potential unemployed population was estimated at around 13 million by December 1945.

11 Before the establishment of Japan National Railways (日本国有鉄道, abbreviated as JR), it served as the government agency responsible for overseeing railway operations throughout Japan. Today, that role is distributed among several private companies collectively known as the JR Group.

ment set up 'Repatriation Civil Affairs Offices' in local areas to gather those wishing to repatriate and guide them through the procedures. However, due to insufficient administrative capacity and resources on the ground, proper repatriation support never materialized. By the end of September, roughly 20,000 Korean residents in Japan were staying in Shimonoseki and Senzaki, and about 10,000 in Hakata, all awaiting repatriation.

Thus, immediately after liberation, the Japanese government's repatriation measures for Korean residents in Japan were pushed to a lower priority than those for Japanese nationals and remained poorly organized. The Zainichi Koreans who had to prepare for repatriation under such harsh conditions inevitably endured life-threatening risks and severe hardship.

2. Support for Return of Zainichi Koreans by the South Korean Government

Immediately after liberation, South Korea also undertook various initiatives to assist the repatriation of Korean residents in Japan. These efforts were driven by widespread sympathy for the hardships Koreans endured under forced mobilization in Japan and by a national aspiration for them to return home and begin new lives.

From around September 1945, various private relief organizations were established throughout South Korea[12], including the 'Joseon Overseas War-Stricken Compatriots Relief Association (朝鮮在外戦災同胞救済会)' and the 'Joseon People's Relief Association (朝鮮人民救護会)'. A total of thirteen major relief bodies operated nationwide. These groups took charge of raising funds for the repatriation of compatriots remaining in Japan, assembling relief supplies such as medicine and clothing, and laying the groundwork for the resettlement of repatriates.

The U.S. military government that occupied southern Korea also moved proactively in line with these efforts. It dispatched the head of its Foreign Affairs Department to Japan to assess the situation of Korean residents there, and in late September 1945 it established the 'Relief Organizations United Central Committee (救護団体連合中央委員会)' to formalize cooperation with civilian relief groups. This committee acted as a centralized portal for repatriation support and sought to develop multi-layered measures that would include assistance for post-return resettlement.

At that time in South Korean society, there was a widespread perception that Koreans who had endured forced labor in Japan continued to face discrimination and neglect even after liberation. This stemmed from the Japanese government's decision to prioritize the repatriation of its own nationals

12 Immediately after liberation, South Korea—corresponding to the territory of today's Republic of Korea—comprised the part of the peninsula south of the 38th Parallel following the end of World War II. The formal division was decided on August 10, 1945, with the Soviet Union administering the north and the United States administering the south under military government.

and its passive stance toward Korean repatriation. The South Korean public and the press criticized these conditions and shaped public opinion in favor of more proactive repatriation support for Koreans in Japan.

Moreover, because some individuals were left behind in Japan without even confirmation of their families' survival, movements to locate the families of repatriates naturally emerged in South Korea. Concurrently, efforts were made to compile lists of Koreans residing in Japan and to establish reliable communication networks.

These responses by South Korean society and the U.S. military government provided great comfort to the Zainichi Korean community and helped strengthen their resolve to repatriate. However, cooperation with Japanese authorities was insufficient, and in the chaotic political climate immediately after liberation, administrative and financial support was limited—so the actual impact of repatriation assistance fell short of expectations.

Nevertheless, the repatriation efforts by the South Korean government and civil society during this period marked the beginning of national attention to the issue of Korean residents in Japan and provided a crucial foundation for subsequent repatriation policies as well as the formation of inter-Korean and Japan-Korea relations.

3. Formation of Zainichi Korean Ethnic Associations and Their Repatriation Support Activities

After liberation, Koreans who remained in Japan harbored a strong desire to repatriate to their homeland, but repatriation was never straightforward amid the chaotic social order of the time. In this context, Korean residents in Japan voluntarily formed organizations to lead repatriation campaigns and mount collective efforts.

On August 18, 1945—just three days after liberation—'the Committee for Countermeasures Concerning Koreans Residing in Japan (在留朝鮮人対策委員会)' was established in Tokyo. Then, on August 20, 'the League of Korean Residents in Japan (在日本朝鮮人居留民連盟)' and the 'Repatriation Guidance Committee for Koreans in Japan (在日朝鮮同胞帰国指導委員会)' were formed. The rapid emergence of these organizations underscores how desperate Koreans' circumstances were and the urgent need for collective action to return to their homeland..

This wave of activity also took hold in local areas. By the end of August, roughly 300 Zainichi Korean organizations had formed across Japan, with most centering their efforts on the repatriation of Koreans forcibly brought to Japan through abduction and mobilization.

Then, on September 10, movements to form a single nationwide organization began with the inauguration of the 'Preparatory Committee for the

Central Formation of the Federation of Korean Residents in Japan (在日本朝鮮人連盟中央結成準備委員会)'. This committee brought together individuals from diverse ideological backgrounds—nationalists, communists, pro-Japanese collaborators, and advocates of cooperation with Japan. Its headquarters was established at the Joseon Scholarship Hall in Shinjuku, Tokyo, with nationalist leader Jo Deok-seong (趙德聖) elected chairperson and pro-Japanese collaborator Gwon Il (権逸) and leftist activist Kim Jeong-hong (金正洪) appointed vice-chairpersons.

They carried out activities aimed at Korea's postwar reconstruction and the maintenance of repatriation order for Korean residents in Japan, and on October 15, 1945— with around 400 national representatives in attendance— the League of Koreans in Japan (Abbreviation: Chōren, 在日本朝鮮人連盟)[13] was formally established. Thereafter, the League of Koreans in Japan cooperated with the Japanese government's repatriation support initiatives and played a key role in the official repatriation procedures.

From November 1945, Chōren was assigned repatriation support duties in cooperation with the Ministry of Health and Welfare and the Ministry of Transport[14]. These duties included compiling lists of returnees, issuing

13 The League of Koreans in Japan, known as Chōren, was the first organized body for Zainichi Joseonin. It aimed to protect their rights and interests, support repatriation, provide ethnic education, and ensure stable livelihoods. With a strong leftist orientation, it even allied with the Japanese Communist Party. In 1949, the Japanese government forcibly disbanded it.

14 The Ministry of Transport (運輸省) was a former ministry of the Japanese government responsible for

repatriation certificates, planning the operation of special transport trains, assisting with boarding and transportation, managing property left behind in Japan, and receiving donation funds.

They also dispatched special envoys to South Korea to share repatriation preparation duties. On November 23, eight envoys met in central Seoul to discuss repatriation measures, established a liaison office in Seoul, and began systematically handling the reception, counseling, and resettlement support for returnees.

Moreover, Chōren provided mother-tongue instruction to second-generation Zainichi Koreans awaiting repatriation and devoted resources to educational programs designed to ease their social integration upon returning home. It also launched campaigns demanding compensation from Japanese employers who had hired Korean laborers, thereby initiating the movement for reparations for forced mobilization.

Chōren's activities went beyond the mere administrative aspects of repatriation procedures, taking on the character of a national movement that represented the collective demands of Korean residents in Japan. Even amid the chaos, these residents organized themselves in solidarity, pooling their efforts to achieve the shared goal of returning to their homeland.

matters related to transportation and transit. In 2001, it merged with the Ministry of Construction (建設省) and was reorganized into the Ministry of Land, Infrastructure, Transport and Tourism (国土交通省).

4. Involvement of the Supreme Commander for the Allied Powers in the Repatriation of Zainichi Koreans

Since its establishment on October 2, 1945, the Supreme Commander for the Allied Powers (SCAP) served as the highest authority overseeing Japan's postwar reconstruction and administrative reforms. SCAP also became deeply involved in repatriation policies for foreign residents in Japan, particularly Koreans.

SCAP instructed the Japanese government to abolish discrimination against foreign residents—including Koreans—and to develop concrete measures for those wishing to repatriate. At that time, port cities such as Hakata and Shimonoseki were crowded with repatriation hopefuls from the Korean community, whose living conditions were extremely harsh. In response, SCAP ordered the Japanese government to improve sanitation and food supplies in those areas and to establish "repatriate reception camps" to shelter and manage those awaiting repatriation.

On October 18, 1945, the Japanese government designated the Ministry of Health and Welfare as the central agency in charge of repatriating foreign residents in Japan. The ministry devised plans to transport around 6,000 returnees per day and specifically compiled lists of forcibly mobilized workers who wished to repatriate, coordinating their transport schedules. However, it was estimated that only about 40% of the Zainichi population actually ex-

Table 2. Registration of Repatriation Intentions Among Foreign Residents in Japan (March 18, 1946)

<table>
<tr><th>Country</th><th>Number of Registrants</th><th>Number of Repatriation Applicants</th><th>Ratio of Repatriation Applicants</th></tr>
<tr><td rowspan="3">Korea</td><td rowspan="3">647,006</td><td>514,060</td><td rowspan="3">79%</td></tr>
<tr><td>Northern area 9,701</td></tr>
<tr><td>Southern area 504,359</td></tr>
<tr><td>China</td><td>14,941</td><td>2,372</td><td>16%</td></tr>
<tr><td>Taiwan</td><td>15,906</td><td>12,784</td><td>80%</td></tr>
</table>

pressed a desire to repatriate, with the majority indicating their intention to remain in Japan.

In the Hakata area, where repatriates were most densely concentrated, conditions became increasingly overcrowded. Korean laborers who had been forcibly mobilized in coal mines and other wartime industries clashed with Japanese authorities as they demanded group repatriation. In some locales, retaliatory incidents were carried out against the police and labor offices that had treated them harshly during the war, and when the Japanese police could no longer maintain control, U.S. forces intervened directly to restore order.

From January 15 to 17, 1946, officers from SCAP, the Pacific Fleet, the Eighth Army, and the XXIV Corps occupying southern Korea convened in Tokyo for the “Repatriation Conference.” At this meeting, they comprehensively discussed the return of Japanese and foreign nationals scattered across Japan, Korea, and other regions, and formulated a plan that included the repatriation of Koreans.

SCAP had the capacity to transport up to 10,500 people per day and established U.S. military liaison teams at ports such as Sasebo, Hakata, and Senzaki. It also dispatched officers and Korean staff from the Foreign Affairs Section of the U.S. Military Government in South Korea to Japan to assist with repatriation procedures.

On February 17, 1946, SCAP delivered a memorandum on the registration of Koreans, Chinese, Taiwanese, and Ryukyuans[15] to the Japanese government, instructing them to complete the lists of repatriation hopefuls by March 18. The registration aimed to verify individuals' intentions by collecting detailed information—name, age, address, occupation, and desired destination. Those who failed to register within the period forfeited their repatriation privileges, placing significant psychological pressure on many who genuinely wished to return.

On March 13, 1946, the 'Repatriation Aid Agency (引揚援護院)' was established as the dedicated body for repatriation operations, creating a nationwide administrative framework. According to registration surveys, approximately 650,000 people completed registration, of whom more than 510,000 expressed a desire to repatriate. The vast majority wished to return to South

15 Ryukyuans were residents of the region now known as Okinawa (沖縄). The Ryukyu Kingdom was an independent state until its annexation by Japan in the late 19th century. In 1946, the term Ryukyuans was used to refer to people originating from Okinawa, Japan.

Korea, while fewer than 10,000 opted for North Korea.

SCAP planned to begin repatriation transports on April 15 and finish by the end of September, but the plan could not proceed as intended. In the summer of 1946, a massive flood in South Korea destroyed ports, railways, and other transport networks, and a subsequent cholera epidemic claimed tens of thousands of lives. Consequently, SCAP was forced to instruct the Japanese government to suspend repatriation to the southern region of Korea.

As a result, Korean residents who had planned to repatriate but could not depart remained in Japan, and some of those who did return to Korea later stowed away[16] back to Japan due to livelihood difficulties or social unrest[17]. SCAP officially terminated its formal repatriation program in December 1946, thereafter shifting to a policy under which repatriation proceeded at individuals' own responsibility.

This sequence of events vividly demonstrates that, in the immediate aftermath of liberation, the repatriation policy for Zainichi Koreans was far

16 After the war, Japan, in principle, prohibited the entry of ordinary persons from Korea, excluding repatriated Japanese nationals; accordingly, Zainichi Joseonin who had repatriated to South Korea and then returned were deemed "illegal entrants."

17 Most of the administrative and corporate management structures established by the Japanese government and Japanese companies during the period of Japanese colonial rule collapsed, and the division of labor was severed by the north–south partition. Furthermore, as large numbers of Koreans from Japan, Manchuria, and North Korea poured into South Korea, severe unemployment, food shortages, and housing shortages emerged. By November 1946, unemployment had reached 1.1 million.

more than a mere administrative matter; it had to navigate a highly complex process shaped by the international political climate of the time, widespread social upheaval, and the structural challenge of the peninsula's North-South partition.

5. Repatriation of Japanese Nationals Remaining in North Korea

By the end of World War II, there were approximately 270,000 to 280,000 Japanese civilians residing in North Korea, excluding military personnel and auxiliaries. Among them, some boarded trains from Manchuria to North Korea after the outbreak of the Soviet-Japanese War[18] in an attempt to return home, but they became stranded when the 38th Parallel was closed.

In the postwar turmoil, these Japanese civilians endured severe hardship. Food and clothing were in desperately short supply, and many lost their lives amid epidemic outbreaks. In some areas, they also suffered looting and assaults by Soviet soldiers.

Recognizing these circumstances, the Japanese government repeatedly appealed to SCAP (Supreme Commander for the Allied Powers) to protect and

18 It was a conflict between Japan and the Soviet Union in which the Soviet Union declared war on Japan on August 9, 1945, and attacked Japanese forces in Manchuria and northern Korea.

repatriate Japanese nationals remaining in North Korea. However, amid tensions between the United States and the Soviet Union, this issue proved difficult to resolve.

Even by the first half of 1946, repatriation negotiations had made little real progress, and many Japanese facing hardship crossed the 38th Parallel or used ships to flee to South Korea. From March to June of that year, approximately 100,000 Japanese arrived in South Korea.

Although the Soviet army barred the southward movement of Japanese from June of that year, many risked their lives to escape in order to survive. Between July and mid-October, approximately 90,000 Japanese crossed the 38th Parallel into South Korea and made their way back to Japan.

However, many Japanese still remained in North Korea. Under the authority of local People's Committees and Soviet military command, they stayed at major industrial facilities and were forced to continue laboring in factories, mines, and other installations.

In February 1946, the Provisional People's Committee of North Korea (北朝鮮臨時人民委員会) officially launched and began nationalizing industries. On August 7 that year, Kim Il-sung announced in the "Decision on Securing Technicians" that technicians—regardless of nationality—would be required to continue serving at their institutions. This environment delayed the repatriation of Japanese nationals, but on December 18, under the Soviet-U.S. agreement, formal repatriation procedures commenced.

Those designated for repatriation departed via Hungnam Port to Sasebo Port in Nagasaki Prefecture (長崎県) and Maizuru Port in Kyoto Prefecture (京都府). By July 6, 1948, a total of 22,201 individuals had returned to Japan.

6. Return of Zainichi Koreans to North Korea Immediately After Liberation

On December 19, 1946, in Tokyo, the representative of the Supreme Commander for the Allied Powers (SCAP) and the Soviet representative on the Allied Council for Japan signed the United States-USSR Agreement on Repatriation from the Soviet Zone (ソ連地区引揚米ソ協定). This agreement addressed both the repatriation of ethnic Koreans originally from North Korea residing in Japan and the repatriation of Japanese nationals residing in North Korea.

According to the agreement, the vessels to be used for repatriation were to be provided by the Supreme Commander for the Allied Powers (SCAP), and the Japanese government was to bear responsibility for their operating costs as well as for food, medical facilities, navigational supplies, and other necessary materials. Additionally, repatriation to North Korea was to be conducted in conjunction with the repatriation of Japanese nationals in North Korea on a round-trip transport basis, with the condition that the repatriation of ethnic Koreans originally from North Korea residing in Japan would commence only after 10,000 Japanese nationals had been repatriated.

On March 18, 1946, in a repatriation registration survey conducted by the Japanese government, 9,701 ethnic Koreans in Japan expressed their wish to return to North Korea. However, by the end-of-year resurvey, this number had fallen sharply to just 1,413 by January 1947. Ultimately, only 351 of them actually repatriated to North Korea.

There were several factors behind this: a lack of information about the Democratic People's Republic of Korea(DPRK), uncertain living conditions, and considerable anxiety regarding Soviet military control. In addition, among those who headed to the DPRK immediately after liberation, some attempted to return to Japan due to the hardships they encountered locally, which further heightened ethnic Koreans' psychological barriers to repatriation to the DPRK. As a result, repatriation to the DPRK proceeded on a much smaller scale compared to repatriation to the Republic of Korea, and there was a significant disparity in the number of returnees.

7. The Issue of the Legal Status of Zainichi Koreans After Liberation

On November 12, 1946, the Supreme Commander for the Allied Powers

(SCAP) officially announced its position on the legal status of Zainichi Koreans. It stated that "Zainichi Koreans who refuse repatriation shall retain Japanese nationality until a legitimate Korean government is established and recognizes them as citizens of the Republic of Korea."

This measure effectively defined the previously ambiguous status of Zainichi Koreans as 'Japanese nationals.' Immediately after liberation, Zainichi Koreans were sometimes regarded as a liberated people, and at other times, depending on circumstances, treated as enemy nationals—Japanese. Amid this ambiguity, the announcement came as a major shock to the Zainichi community because it provided the Japanese police with the legal basis to control and surveil them. The Zainichi community in Japan strongly protested this decision, and anger and frustration over still being classified as Japanese nationals despite being a liberated people swept through the community.

In this context, the United States military government in South Korea conveyed to SCAP the request that "until a formal government is established in Korea and Zainichi Koreans can choose between Joseon or Japanese nationality, they be treated as nationals of a friendly country." This was an assertion that nationality issues were a highly important matter during the occupation and challenged SCAP policy, which conflicted with the US stance of regarding Joseon as a liberated country. However, this request was ultimately not accepted.

On December 20 of that year, approximately 10,000 Zainichi Koreans, led by the League of Koreans in Japan (Chōren, 在日本朝鮮人連盟), held the 'National Conference for the Protection of the Living Rights of Koreans in Japan (在日本朝鮮人生活擁護全国大会)' in the plaza in front of the Tokyo Imperial Palace to protest. During the demonstration, some participants advanced into the courtyard of the Prime Minister's residence, and 14 people, including 10 representatives, were arrested and handed over to a U.S. military tribunal. On March 7, 1947, they were forcibly deported to South Korea.

On May 2, 1947, the Japanese government promulgated and enacted the 'Foreign Registration Order (外国人登録令)'. This order made all foreigners residing in Japan subject to registration, effectively defining Zainichi Koreans as foreigners and establishing an institutional mechanism for their control.

In response, Zainichi Korean Ethnic Associations immediately protested, pointing out the following: "Foreign registration that ignores historical background is effectively a measure to expel Korean residents in Japan and an act to evade Japan's responsibility, and is unjust from a human rights perspective," "It is unforgivable to enact administrative legislation targeting Koreans while ignoring the historical circumstances that brought Koreans to reside in Japan and Japan's responsibility for them," and "It does not comply with any human rights protection regulations." They continued to carry out opposition campaigns.

Despite these criticisms, the Japanese government extended the registration period under the Foreign Registration Order (外国人登録令) from July 1 to July 31, 1947, and began its enforcement. SCAP also repeatedly warned Zainichi Koreans to cooperate with the registration. Ultimately, Zainichi Korean organizations began to comply with the foreigner registration starting in August 1947, and each group—including Chōren—joined in. As of December 31 that year, a total of 598,507 Zainichi Koreans in Japan had completed their registration.

Thus, the once-turbulent legal status of Zainichi Koreans following liberation was incorporated into a system of "residence in Japan as foreigners," marking a significant turning point that would later affect their rights, education, and social treatment across the board.

8. The Division of the Peninsula and Conflicts Within the Zainichi Community

Immediately after liberation, the community of ethnic Koreans in Japan rapidly organized itself. At its center was the League of Koreans in Japan (Chōren), established in October 1945. Chōren established branches across Japan to support the repatriation of Korean residents and to serve as a national organization protecting their rights and interests.

In this atmosphere, on October 10, 1945, the Supreme Commander for the Allied Powers (SCAP) decided to release political and ideological prisoners in Japan, among whom were many leading figures of the Japanese Communist Party. One of them, Kim Cheon-hae (金天海), was elected as a Central Committee member at the 4th Party Congress held after the reestablishment of the Japanese Communist Party, and thereafter served as chief adviser to Chōren and as head of the Korean Department of the Japanese Communist Party.

With the participation of individuals like Kim Cheon hae, Chōren evolved into an organization that was both a nationalist movement group and strongly left leaning. This was also because the influence of Marxism[19], which had persisted since the period of Japanese colonial rule, had taken deep root in the Zainichi Korean community.

However, because Chōren included individuals with diverse ideologies and backgrounds, factional conflicts between left wing cadres, right wing members, and even pro Japanese figures were incessant. Figures of communist inclination, such as Kim Du yong(金枓鎔) and Park Eun cheol(朴恩哲), defined those who had collaborated with the Japanese colonial authorities as 'national traitors' and insisted on their firm exclusion. This deepened the

19 Those who, holding legitimacy from a nationalist standpoint and securing the support of the masses, consistently sympathized with Marxism—which had long opposed Japanese imperialism—and, as Marxism exerted a strong influence in the Zainichi Korean community from the 1920s through the 1930s, Marxists came to seize leadership of Chōren.

internal divisions within Chōren. Eventually, nationalists, liberals, and anti communists who opposed Chōren's ideological direction went on to establish a new organization.

In November 1945, the Youth League for the Promotion of Korea's Founding (朝鮮建国促進青年同盟) was formed, and in January 1946 the Sin-Joseon Nation-Building League (新朝鮮建国同盟), chaired by Park Yeol (朴烈), was established. Lee Kang hun (李康勳), a nationalist, and Won Sim chang (元心昌), an anarchist,[20] were appointed as vice chairmen of this organization.

These organizations all emphasized 'national autonomy and unification,' expressed concern over the homeland's division into north and south, and opposed trusteeship while advocating the democratic founding of Korea. This trend led to the official inauguration in October of that same year of the Korean Residents Union in Japan(在日本朝鮮居留民団)[21].

Among nationalist organizations, there was deep reflection on "what kind of country Joseon should become." The founding of Joseon was one of their most important tasks, and various nationalist groups joined forces with Joseon's political factions to carry out a range of activities.

The League of Koreans in Japan (Chōren) held a provisional conference in

---

20 An anarchist is not simply someone who rejects the order of the state or similar institutions, but a political and social thinker who pursues a free community without authority or coercion.

21 It was renamed to the Korean Residents Union in Japan in October 1948

February 1946, expressed its support for the trusteeship proposal for Korea[22] decided at the Moscow Conference of Foreign Ministers of the Three Powers, and announced that it would launch a movement for the reunification of the divided homeland. Thereafter, Chōren affiliated itself with the 'Democratic National Front (民主主義民族戦線)' formed in South Korea, promoted the establishment of a Democratic Government of Korea, and continued its activities in opposition to separate elections.[23]

Meanwhile, Youth League for the Promotion of Korea's Founding (Geoncheong) and the Sin-Joseon Nation-Building League (Geondong) held rallies opposing the trusteeship proposal after January 1946, and at their June 1947 provisional conference declared their opposition to holding separate elections in South Korea. However, the Korean Residents Union in Japan (在日本大韓民国民団), commonly abbreviated Mindan, announced in December of that same year that it supported separate elections, thereby beginning to chart a different course from the other organizations

22 From December 16 to 27, 1945, the United States of America, the United Kingdom, and the Union of Soviet Socialist Republics participated, and, concluding that it would be difficult to grant Korea immediate independence, they proposed that the United States of America, the United Kingdom, the Republic of China, and the Union of Soviet Socialist Republics implement trusteeship over Korea for up to five years. In particular, right-wing forces vehemently opposed this, intensifying conflicts with left-wing forces.

23 In 1947, the United States of America and the Union of Soviet Socialist Republics sought to work together to establish a unified government across the entire Korean Peninsula, but negotiations collapsed due to differences in opinion. Thereafter, the United Nations intervened and decided to hold elections first in regions where it was feasible.

Thus, less than a year after liberation, the ethnic organizations of the Korean resident community in Japan split into left and right wing camps, and ideological confrontation grew increasingly intense. This trend was intertwined with the situation in the homeland, Joseon, at the time, and can be seen as the result of the political dynamics on the Korean Peninsula exerting a major influence on those Japan based Korean organizations. Based on the 38th Parallel, in South Korea the right wing forces led by Syngman Rhee and Kim Ku were consolidating their power, while in North Korea the left wing regime centered on Kim Il sung was establishing its foundation.

The United States Armed Forces and the Union of Soviet Socialist Republics occupied the South and the North respectively, and, according to their own interests, supported ideologically opposing regimes. In that process, the Korean resident community in Japan likewise divided into two camps—left and right—resulting in bitter conflicts. Behind these clashes lay not only simple ideological differences but also divergent evaluations of collaborators with the Empire of Japan, opposing stances on the trusteeship proposal, and competing visions for how the homeland should eventually be reunified.

Thereafter, Chōren came to support a unification policy led by the Democratic People's Republic of Korea, whereas Mindan backed the Government of the Republic of Korea and pursued an opposing course. In this way, the Zainichi community in Japan became a microcosm of the divided homeland—a space of continuous confrontation over ideology and political system.

9. League of Koreans in Japan (Chōren) and Ethnic Schools

Immediately after liberation, Korean residents in Japan began to move beyond mere survival toward preserving their national identity and education. At the center of this effort was the League of Koreans in Japan (Chōren), and one of their primary initiatives was the establishment and operation of ethnic schools.

In late August 1945, Kim Duyong—known as a Korean communist—opened a Korean language tutorial center in Tokyo, marking the beginning of these efforts. Subsequently, similar educational facilities were established across Japan under the name "National Language Instruction Center" which gradually developed into a systematic school format.

By 1946, as repatriation to the homeland declined, Chōren launched a full scale program of ethnic education for the children who remained in Japan. The ethnic schools founded in each region focused on teaching the Korean language, history, and culture, and, after Chōren adopted a North Korea-oriented policy, their curricula naturally reflected North Korea-centered nationalism and left wing ideology.

At that time, the SCAP was wary of Koreans establishing an independent educational system within Japan. This was due to concerns that ethnic schools would create segregated educational spaces in Japanese society, potentially sowing the seeds of interethnic conflict. In this context, in 1947 the Japanese government enacted the Fundamental Law of Education and the School Education Law to introduce a new national education system, and it required ethnic schools either to register as formal schools or to meet the corresponding operational standards.

As of October 1947, the schools operated by Chōren comprised 541 primary schools (46,991 students), four middle schools (2,148 students), and thirty youth schools (2,148 students). By contrast, the ethnic schools under Mindan or Geoncheong numbered fifty two primary schools (6,297 students), two middle schools (241 students), and two training institutes (289 students), a markedly smaller total.

On 14 November 1947, the United Nations adopted a resolution on the Korean question and decided that, under the supervision of the United Nations Temporary Commission on Korea (UNTOK), general elections would be held, after which a government would be established and United States and Soviet forces withdrawn. However, in January 1948 the Soviet Union and North Korea refused UNTOK access to the North.

Ultimately, the UN resolved to hold elections only in South Korea. In December of that same year, Mindan—led by Park Yeol, a close associate of Syngman Rhee—declared its support for the UN's decision, but the Youth League for the Promotion of Korea's Founding (Geoncheong) became internally divided between those favoring separate elections and a unification faction advocating North-South negotiations, leading to further conflict.

In particular, the Jeju 4·3 Incident[24], precipitated by the separate elections, delivered a profound shock to many members of the Korean Residents Union in Japan (Mindan) from Jeju[25], and those disillusioned by Mindan's support for the U.S. military government gradually began to leave the organization. As a result, Mindan's organizational strength, which had already been tenuous, was further weakened.

The Japanese government and the Supreme Commander for the Allied Powers (SCAP) feared that ethnic schools would become bases for spreading communist ideology, and ultimately moved to impose stringent controls on them.

On 24 January 1948, the Japanese Ministry of Education issued nationwide the 'Guidelines on the Treatment of Schools Established by Koreans(朝鮮人設立学校の取り扱いについて)'. The core of these guidelines stipulated that "Korean children must also advance to public or government authorized pri-

24 The Jeju 4·3 Incident was a large scale civilian tragedy triggered on 3 April 1948 when armed units affiliated with the Workers' Party of South Korea launched an uprising on Jeju Island in opposition to the separate elections in South Korea. At that time, the United States Army Military Government in Korea (USAMGIK) and the Korean government responded with a hard line suppression, branding countless civilians as "collaborators with the insurgents" and causing their deaths; the suppression operations continued for several years. This incident resulted in thousands of Jeju residents losing their lives or suffering, and it remains one of the most emblematic cases of state violence in modern Korean history.

25 During forced mobilization under Japanese colonial rule, Jeju Island was one of the regions with the highest proportion of mobilized people, and many islanders went to Japan for fishing or labor. In the wake of the Jeju 4·3 Incident, some of those who fled repression sought refuge by migrating to Japan.

vate schools under Japanese education law, and all schools must be approved by the Japanese government."

Beginning in February 1948, Chōren mounted a nationwide campaign defending ethnic education. However, on 24 March, the Japanese government warned that any ethnic school failing to comply would be forcibly closed—a policy backed by SCAP.

In April 1948, a major demonstration broke out in Kobe over a closure order for a Chōren run school. Local authorities declared a state of emergency and arrested some 1,700 people, and a number of those detained were subjected to military tribunals and forcibly repatriated.

On 26 April, in Osaka, police opened fire during a protest, killing a 16 year old Korean resident of Japan. This tragedy later became known as the 'Hanshin Education Incident' and sent shockwaves through the Zainichi Community.

On 29 April 1948, Ahn Jae hong (安在鴻), who was serving as Minister of Civil Affairs in the provisional administration under the United States Army Military Government in Korea (USAMGIK)[26], conveyed a special request to the Japanese government. The request was that the children of Korean residents in Japan be formally permitted to receive elementary and second-

26 This term refers to the provisional administrative regime established in the southern part of the Korean Peninsula under the United States Army Military Government in Korea (USAMGIK) during the period of U.S. led military governance following the Second World War.

ary education within the framework of Japanese education law, and that the Japanese Ministry of Education flexibly authorize Korean residents in Japan to operate schools autonomously under South Korea's education system. However, the USAMGIK judged that the essence of the Korean residents' education issue lay in the strongly communist leaning curriculum content and non compliance with Japanese law, thereby merely echoing the stance of the Japanese occupation authorities.

Subsequently, to address the aftermath of the Hanshin Education Incident, consultations took place between the Chōren and the Japanese Ministry of Education resulting in the drafting of the "5·5 Memorandum" on 5 May 1948. This memorandum stipulated that Korean residents' schools in Japan would comply with Japan's Fundamental Law of Education and School Education Law while being recognized as private schools with full autonomy, and that within this framework they could provide a distinct Korean only curriculum. As a result, the ethnic schools led by Chōren transitioned from informal educational institutions into officially registered private schools in Japan and, at the same time, solidified their role as hubs for North Korea-oriented ethnic education.

10. Establishment of the Two Koreas and Conflicts Between Mindan and Chōren

In 1948, two governments were established on the Korean Peninsula. On August 15, the Republic of Korea was founded in South Korea—proclaiming liberal democracy and anti-communism as its state ideology—and Syngman Rhee, who had led independence efforts in the United States and elsewhere, was inaugurated as its first president. On September 9 of the same year, the Democratic People's Republic of Korea was established in North Korea on the basis of a socialist system, with Kim Il-sung appointed as premier.

The United Nations[27] recognized the Republic of Korea as the sole legitimate government on the Korean Peninsula, but, with the Soviet Union's full backing, North Korea went on to establish its own government, and the peninsula ultimately entered a clearly divided regime. This development—a dual government system in the South and North—had a profound impact on the Zainichi community. As the homeland split into two political systems, perspectives on the motherland began to diverge within that community.

The Republic of Korea determined that a private organization was needed in Japan to support its positions and to protect the repatriation and rights of

27 The United Nations(UN) is an international organization established on October 24, 1945—after the end of World War II—by nations coming together to prevent the devastation of war from happening again. Initially, 51 countries participated, and it now comprises over 190 member states.

Korean residents, and accordingly officially approved the Korean Residents' Union in Japan (在日朝鮮居留民團) as the sole Korean ethnic organization in Japan. In line with this decision, the union changed its name to the Republic of Korea Residents' Union in Japan (Mindan, 在日本大韓民國居留民團).

In contrast, the League of Koreans in Japan (Chōren) welcomed the establishment of the Democratic People's Republic of Korea and amended its charter to include the pledge: "We shall absolutely defend the newly founded Democratic People's Republic of Korea and nurture and strengthen it." Chōren replaced its previously used Taegukgi with the flag of North Korea, thereby openly declaring its support for the North Korean government.

As a result, Mindan and Chōren came to back governments of opposing political systems, and the rift between them deepened. Operating under the approval of the Republic of Korea government, Mindan carried out activities aimed at promoting the identity and constitutional order of the Republic of Korea, with the protection of Korean residents' rights as its objective. By contrast, Chōren, supporting North Korea's unification line, reinforced its educational programs, organizational work, and political solidarity around a North Korea-centered national outlook.

Thus, the two organizations—each with its own ideology and goals—competed for leadership within the Zainichi community. Mirroring the division of the homeland, that community became sharply split between the two bodies.

This schism went beyond mere ideological conflict: it laid the political groundwork for the later repatriation project to North Korea and had a profound impact on the lives of individual Korean residents in Japan.

11. Links between Chōren and the North Korean Government

The League of Koreans in Japan (Chōren) maintained unofficial contact with the Democratic People's Republic of Korea (North Korea) from immediately after liberation. Even before the DPRK was formally established, Chōren's leaders began clandestinely boarding ships to the North or meeting and cooperating with North Korean operatives who had infiltrated Japan.

North Korea paid close attention from the start to the Zainichi community and its left wing ethnic organizations. In particular, through ties with the Japanese Communist Party, it supported Chōren's activities and focused on spreading socialist ideology among Zainichi Koreans.

At that time, the Japanese government permitted Korean residents to leave but, in principle, forbade their reentry—so most visits by Chōren's leaders to the North were arranged via unofficial channels. Risking Japanese scrutiny, Chōren continued these secret journeys to strengthen its exchanges with North Korea.

The North Korean government welcomed Chōren's efforts. After its regime was established in 1948, Kim Il sung sent official invitations to Chōren's leadership, seeking to institutionalize and formalize the relationship between Chōren and the DPRK.

Chōren was not originally founded as an ideologically driven organization. Formed immediately after liberation by those hoping to return to their homeland, it included nationalists, leftists, centrists, and even former collaborators—and many ordinary Korean residents joined simply out of trust in the ethnic community.

However, discrimination and poverty in Japanese society, along with the repressive measures of the Japanese government and the Supreme Commander for the Allied Powers (SCAP), stirred admiration for socialism among Korean residents. Slogans such as "fair distribution," "workers' rights," and "national liberation" felt like very attractive alternatives to a community that had endured Japanese colonial rule and postwar chaos.

In this atmosphere, Chōren steadily strengthened its North Korea-oriented ideological line. Particularly after witnessing tragedies like the Jeju 4·3 Incident, many Jeju born compatriots shifted their allegiance from Mindan to Chōren. Disillusioned by Mindan's support for the United States and the Syngman Rhee government, they found themselves increasingly sympathetic to North Korea and Chōren's stance.

Chōren actively propagated the image of "anti Japanese hero Kim Il sung" throughout the Korean resident community and carried out campaigns to emphasize a positive portrayal of the Democratic People's Republic of Korea (DPRK). These efforts naturally gave rise to a North Korea-centric "homeland oriented nationalism,"[28] and over time a trend emerged within Zainichi community of regarding the DPRK as their true homeland. This close relationship between Chōren and the DPRK government then became the crucial backdrop for the subsequent repatriation movement and the campaign to return to the North.

12. Japanese Government's Wariness Towards Chōren in Japan

By around 1949, the world was increasingly drawn into a Cold War configuration. In Europe, the North Atlantic Treaty Organization (NATO)[29] was founded, and Germany split into East and West, each establishing its own government. In China, the Communist Party seized power and proclaimed

28 Homeland oriented nationalism is nationalism centered on the homeland; it refers to nationalist sentiments that strongly support a particular country or homeland and form one's identity around that nation, building identity and loyalty on that basis, and placing the homeland's prosperity, preservation, and reunification above all else.

29 NATO (North Atlantic Treaty Organization) was founded on April 4, 1949, as a military alliance led by the United States, Canada, and Western European countries. Its primary purpose is for member states to provide collective defense against external military threats. During the Cold War, NATO became the West's principal military alliance opposing the Soviet bloc, and today it remains a key security organization for Europe and North America.

the People's Republic of China. These global developments directly affected both Japan and its Korean resident community.

The Supreme Commander for the Allied Powers' (SCAP)[30] military intelligence section closely monitored Chōren's political influence in Japan. Korean residents faced instability in their livelihoods, employment, housing, and education. Amid this turmoil, Chōren—through its links with the Japanese Communist Party—was building organizational strength based on communal ethnic sentiments, which deeply concerned SCAP.

SCAP did not regard the Korean resident issue merely as a domestic ethnic matter. It saw it as part of an international communist movement connected to the Japanese Communist Party, the Chinese Communist Party, and North Korea, and it viewed Chōren as a prime example—thereby making Chōren a direct target of its anti communist policy.

The Japanese government—especially the Yoshida Cabinet[31]—also viewed Chōren's activities with great suspicion. Because Chōren maintained close ties to the Japanese Communist Party and was suspected of links with North Korea, it was seen as a potential conduit for North Korean revolutionary forces into Japan.

Between April and July 1949, Chōren leaders such as Kim Chŏn hae

30 Within SCAP, there were several branches, among which the Military Intelligence Section (G 2) was responsible for core intelligence operations.

31 The Yoshida Shigeru Cabinet (吉田茂 Cabinet, 1946–1954) steered Japan's postwar foreign policy, prioritizing close ties with the United States and the reconstruction of the Japanese economy.

actively encouraged their members to join the Japanese Communist Party en masse, further intensifying the communist movement. At that point, Chōren's membership was enormous: as of June 1949, over 388,000 Koreans in Japan belonged to Chōren affiliated organizations, whereas Mindan affiliated groups numbered only about 62,000. Of roughly 600,000 Korean residents in Japan, two thirds leaned toward Chōren. The youth organization affiliated with Chōren — Democratic Youth League[32] (民主主義青年同盟) — boasted over 60,000 members, far exceeding the Mindan affiliated National Foundation Youth Association.

In response, the Japanese government launched a full scale counteroffensive. Through the Nine Principles for Economic Stabilization[33], it pursued administrative and industrial restructuring, and implemented a "Red Purge" policy[34] to exclude left wing forces—targeting both labor unions and ethnic

32 Commonly abbreviated as Mincheong, the Democratic Youth League was a youth organization aligned with communist and left wing ideology. Active in Japan from the late 1940s through the early 1950s under Chōren's umbrella, it supported North Korea, cooperated with the Japanese Communist Party, and defended the political and social rights of young Zainichi Koreans. It stood in opposition to Mindan's National Foundation Youth Association.

33 The Yoshida Cabinet's Nine Principles for Economic Stabilization were introduced in 1948—under U.S. leadership—to overcome postwar economic turmoil and rebuild the economy. They were: 1. Eliminate fiscal deficits 2. Expand tax revenues 3. Raise public utility fees 4. Curb inflation 5. Reform state owned enterprises 6. Promote exports 7. Suppress labor movements 8. Improve productivity 9. Enhance the distribution system for essential goods

34 The "Red Purge" refers to the large scale dismissals and purges of communists and left leaning individuals in Japan from the late 1940s into the early 1950s, part of an anti communist policy led by the U.S. and Japanese governments to prevent the spread of communism as the Cold War intensified.

organizations.

Meanwhile, in August 1948, members of Chōren's Shimonoseki branch carried out a mass attack on a Mindan branch. That incident provided SCAP and the Japanese government with justification for dissolving Chōren. SCAP ordered the Japanese government to disband Chōren and its affiliated youth wing, the Democratic Youth League, and both organizations were dissolved; 28 leading figures, including Chōren's chairman Kim Chon hae, were barred from public office and their assets confiscated.

The Ministry of Education[35] also directly pressured Chōren. On the 19th of October, 1949, it ordered the closure of 92 ethnic schools deemed to be operated by Chōren for having "unknown operators." It recommended restructuring 245 other schools; while 128 applied for private school status, only those affiliated with the Paektu Academy received approval, and the rest were denied and forced to shut down.

Ultimately, the Japanese government and the Allied occupation forces' actions against Chōren went far beyond routine administrative measures and amounted to outright political repression. As part of a broader Cold War strategy to block North Korean influence in Japan, these measures served only to further intimidate and marginalize the Zainichi community.

35 The Ministry of Education (文部省) was the central administrative agency responsible for policies related to education, scholarship, science and technology, and culture in Japan. In 2001, it merged with the Science and Technology Agency and was reorganized as the Ministry of Education, Culture, Sports, Science and Technology (文部科学省).

Chapter 3

The Korean War and Zainichi Koreans

The Korean War was not merely a conflict within the Korean Peninsula. Its shockwaves also sent a powerful ripple through the Zainichi Korean community in Japan. Korean residents who had backed either South Korea or North Korea became even more divided by the outbreak of war, and as a result, attitudes toward Zainichi Koreans in Japanese society deteriorated. In this chapter, we will explore how the Zainichi community responded to the start of the Korean War and what unfolded afterward, organizing our discussion around four key themes.

1. Mindan's Support for the South Korean Army and United Nations Forces

On June 25, 1950, when North Korea's invasion began the war, the international community reacted immediately. On June 27, the United Nations Security Council adopted a resolution to support Korea, and a United Nations force, led primarily by U.S. troops, was assembled.

Nevertheless, North Korean forces swiftly captured Seoul and at one point controlled nearly 90 percent of the peninsula. Although the tide turned after the Incheon Landing Operation[1], the intervention of Chinese forces pushed the front back to around the 38th Parallel.

Amid this urgent situation, Korean residents in Japan likewise began to act on their political convictions. The Korean Residents Union in Japan (Mindan), which supported the Republic of Korea, established the 'Volunteer Army Guidance Headquarters of Korean Residents in Japan (在日韓僑自願軍指導本部)' on August 5, 1950. This body set about recruiting volunteer soldiers from among the Korean community in Japan to support the Korean and UN forces.

At first, both the South Korean government and SCAP took a cautious

1 On 15 September 1950, during the Korean War, United Nations forces landed at Inchon and turned the tide of battle. Led by General Douglas MacArthur, the UN troops—facing a crisis in which North Korean forces had occupied most of South Korea—carried out a surprise landing at the Port of Inchon, recaptured Seoul, and severed the North Korean supply lines, forcing their retreat.

stance toward volunteer recruitment. However, as the war dragged on and manpower shortages became severe, they requested the dispatch of volunteers from the Korean Mission in Japan[2]. Between September 1950 and roughly two months thereafter, 820 people applied, and many—after a brief period of training—were sent to fight in the Korean War. Their efforts went beyond mere manpower reinforcement; they became a symbolic demonstration of how Korean residents in Japan responded, with deep commitment, to their homeland's crisis.

2. Chōren's Support for North Korea and the Formation of the "National Front" (Minjeon)

After the outbreak of the Korean War, figures affiliated with Chōren who had supported North Korea began new forms of resistance and activity in Japan. Although Chōren was officially dissolved in 1949, its organizational base remained intact, and immediately after the war began they formed the 'Homeland Defense Central Committee(祖国防衛中央委員会)' and prepared an organized struggle under the name Homeland Defense Corps(祖国防衛

2 It served as Korea's official diplomatic mission in Japan during the Korean War, acting as the predecessor to today's Embassy of the Republic of Korea in Japan. Following the establishment of the Republic of Korea in 1948, Korea conducted its diplomatic activities in Japan in the form of the Korean Mission in Japan until formal diplomatic relations with Japan were established.

隊). They even carried out radical actions—obstructing munitions transports within Japan and attacking U.S. military vehicles—to prevent supplies from reaching the Korean and UN forces.

In January 1951, the 'United Democratic Front in Japan(在日本統一民主戦線)', in alliance with the Japanese Communist Party, launched a campaign calling for the overthrow of the Yoshida Cabinet, opposition to the Korean War, and an anti American struggle.

The Front's militant activities—hostile to the United States and supportive of North Korea—severely escalated tensions with SCAP and the Japanese government, spreading anxiety throughout Japanese society. The notion that 'Zainichi Koreans[3] were dangerous' began to take hold, and reports of North Korean spy rings and smuggling further cast them as a threat. Thus, the discrimination against Korean residents that existed before the war was profoundly intensified in the postwar period.

Even within the United Democratic Front, internal conflicts were rife. Factions led by Park Eun cheol(朴恩哲) of the Japanese Communist Party, the Homeland Faction(祖国派)[4] under Han Deok su(韓德銖), and the Unification Comrades Association(統一同志会)[5] under Lee Kang hoon(李康勳)

3 Zainichi (在日) is a Japanese term meaning "residing in Japan," and is often used to refer to Korean residents in Japan.

4 A faction within Minjeon that maintained close ties with North Korea and was active in its operations.

5 Centered in Tokyo, it spearheaded the political organization of the Zainichi Joseonin community and later influenced the formation of the General Association of Korean Residents in Japan (Chōren). It car-

clashed, resulting in a complex internal political struggle.

3. The Issues of Nationality Entries on Alien Registration Certificates

The war did not merely signify armed conflict. In the postwar order, Zainichi Koreans were confronted with the question, "Which country's nationals are we?" In January 1950, the Alien Registration Ordinance was revised, making possession of a registration certificate mandatory under threat of criminal punishment and transforming it into a document that had to be renewed every three years. Additionally, regional registration numbers were replaced by a unified national numbering system, systematically overhauling the registration process. It was at this point that filling in the nationality field became a matter of intense controversy.

Those associated with Chōren decried the revision of the Alien Registration Ordinance as a conspiracy of forced expulsion and launched opposition movements across Japan. While the Japanese government defaulted to recording "Joseon" in the nationality field, Mindan insisted that registrants enter "Republic of Korea" or simply "Korea." The previous registration certif-

ried out activities such as opposing the trusteeship and supporting the establishment of the Democratic People's Republic of Korea.

icates had listed "Joseon" to denote place of origin, but this was viewed as an affront to the dignity of the Republic of Korea as an independent state. Because the issue was interpreted as a political declaration rather than a mere administrative matter, it sparked acute conflict within the Zainichi community.

As of 1950, only about 53,000 people were registered as overseas nationals of the Republic of Korea. Even by the end of 1951, only some 95,000 registrants had recorded their nationality as "Korea." The majority remained listed as "Joseon", not necessarily because they supported North Korea but because many were waiting for a reunified homeland.

In the early 1950s, to tighten control over the Korean resident population, the Japanese government established the Immigration Control Agency on October 1, 1950, and began operating the 'Ōmura Immigration Detention Center (大村入国者収容所)' in Nagasaki Prefecture. This facility became a place of detention for those who had entered Japan illegally from Korea and for Korean residents in Japan who had violated Japanese laws. The question of their release later became politically sensitive, linked to the issue of repatriation to North Korea.

Prior to the signing of the Treaty of Peace with Japan on September 8, 1951, the governments of the Republic of Korea and Japan began consultations on the legal status of Korean residents in Japan[6]. At that time, Korean residents in Japan were nominally retaining Japanese nationality yet, under the Alien Registration Ordinance, were treated as foreigners—a clear contradiction. Accordingly, from October 1951 onward Korea-Japan talks were held to discuss issues such as the right to choose one's nationality, the scope of nationality that could be restored, and the legal status of those Korean residents who would remain in Japan after the treaty took effect.

Between December 1950 and May 1952, about 3,600 people were sent back to Korea. Among them were 445 Korean residents in Japan who had lived there even before the war. However, during the final repatriation after the Treaty of Peace with Japan took effect on May 12, 1952, the Korean government refused to admit 125 of these individuals, and they were returned to the Omura Immigration Detention Center. This outcome stemmed from the collapse of Japan-Korea negotiations over nationality issues.

Fearing friction with pro North Korean residents, the Japanese government treated these returnees not as South Korean nationals but as "foreigners originating from the Korean Peninsula," assigning them a formal status called "Joseon nationality." In practice, however, "Joseon nationality" did not correspond to any real citizenship, leaving Korean residents in Japan with renewed legal uncertainty.

6 These were the negotiations to normalize diplomatic relations between the Republic of Korea and Japan (the Korea-Japan Talks). Compensation for colonial rule, the legal status of Korean residents in Japan, and the claims issue were the main agenda items. Significant disagreements arose over both compensation and the status of Korean residents, and after multiple rounds of talks, the Treaty on Basic Relations between Japan and the Republic of Korea was concluded in 1965, officially normalizing diplomatic relations between the two countries.

Those who had registered as overseas nationals of the Republic of Korea had hoped to see their legal status improved through the Korea-Japan talks, but no progress was made, since the two governments failed to agree on settling claims from the colonial period. Many residents who regarded North Korea as their homeland viewed registration as South Korean nationals as coercive and feared forced repatriation to the South. Ultimately, Korean residents in Japan remained legally classified as "foreigners," and ideological and political divisions born of the Korean War deepened the discrimination and exclusion they faced in Japanese society.

Disadvantages in employment and access to financial benefits, as well as persistent poverty despite eligibility for livelihood assistance, went largely unaddressed. Against this backdrop, small movements began to emerge among left wing Korean residents exploring repatriation to North Korea.

4. Establishment of the Syngman Rhee Line and the Detention of Japanese Nationals

On January 18, 1952, President Syngman Rhee proclaimed the "Peace Line," also known as the Syngman Rhee Line[7], under the pretext of protect-

7 In Japan, it is called the "Syngman Rhee Line" (李承晩ライン) or the "Rhee Line" (李ライン).

ing the waters surrounding Korea. This maritime boundary included Dokdo, and Japan vehemently protested, declaring that it could not recognize it under international law.

Shortly thereafter, on February 11, in waters southwest of Jeju Island, a Japanese fishing vessel came under fire from the Korean Coast Guard. This incident marked the start of a full blown fisheries dispute between the two countries: over the next thirteen and a half years, 326 Japanese fishing vessels were seized, more than 3,900 Japanese crew members were detained, and eight lost their lives.

The Syngman Rhee Line was not merely a declaration of maritime boundaries; it reignited negative perceptions of the Republic of Korea in postwar Japanese society and made diplomatic relations between Korea and Japan far more complex.

Meanwhile, the Ōmura Immigration Detention Center began to hold Korean residents in Japan who had entered illegally or were deemed subject to deportation. In particular, those who supported North Korea or whose repatriation had been refused on nationality grounds often remained there for extended periods.

In this way, the Korean War left deep scars on the Zainichi community. A society divided by ideology, confused over legal status, and subjected to discrimination and alienation in Japan became the very soil from which the later repatriation movement would grow.

Chapter 4

The Repatriation Movement of Zainichi Koreans (1953-1955)

In 1953, as the Korean War reached an armistice, new currents of change began to stir in the Korean community in Japan. Among those who had endured chaos and suffering, some came to feel that, rather than continue an insecure life in Japan, they would prefer to return to their homeland.

The Zainichi Korean Democratic Front (Minjeon) organized a Homeland Visit Delegation and launched concrete efforts to facilitate repatriation to North Korea. These initiatives met only a lukewarm response from the Japanese government, and disputes over repatriation grew increasingly intense.

At the same time, the Japanese Red Cross Society[1] engaged in cautious negotiations with North Korea regarding the return of Japanese nationals. Meanwhile, the United Democratic Front strengthened its alliance with the Workers' Party of Korea[2]

1 The Japanese Red Cross Society (日本赤十字社, Nippon Sekijujisya) is a humanitarian organization founded in 1877 in Japan and operates as part of the International Red Cross Movement. Through cooperation with the International Committee of the Red Cross (ICRC), it continues its international activities by delivering aid to war victims, refugees, and regions affected by humanitarian crises around the world.

2 The Workers' Party of Korea was formed in 1949 by merging the North Korean Communist Party—established in 1946—and the South Korean Workers' Party. The latter incorporated members who had defected to the North, and with Kim Il sung as Party General Secretary, it consolidated de facto control

and adapted its original platform accordingly.

This chapter examines those early repatriation movements within the Zainichi community, focusing on the organization and activities of the Homeland Visit Delegation, the negotiations between the Japanese Red Cross Society and the Government of the Democratic People's Republic of Korea, and the process by which Minjeon, in partnership with the Workers' Party of Korea, popularized the repatriation movement.

over the new party.

1. Minjeon's Dispatch of the "Homeland Visiting Delegation"

In the mid 1950s, a movement to return to North Korea began to re-emerge among Korean residents in Japan. Zainichi Korean Democratic Front (Minjeon), leveraging its close ties with North Korea, initiated a concrete repatriation campaign. They formed a 'Homeland Visit Delegation' to promote visits to North Korea and explore the possibility of repatriation and travel.

This repatriation effort was not the Front's alone. The unresolved issue of Japanese citizens left in Japan after the war—and the significant number still detained in North Korea—provided a linkage: as Japanese organizations negotiated for those detainees' return, Minjeon pressed to include repatriation of Korean residents in Japan as part of the same process.

In August 1953, at its 11th Central Committee meeting, Minjeon officially established the 'Homeland Visit Delegation'. Alongside plans to finance North Korea's reconstruction projects, it elected 61 representatives from across Japan for dispatch. Under the name "Delegation of Korean Residents in Japan to Visit the Homeland in Celebration of the Liberation War," they submitted passport applications to the Ministry of Foreign Affairs—but were refused.

Undeterred, they attempted individual applications through prefectural foreign affairs offices. One delegate from Nagano Prefecture (長野県) even sought to travel via Hong Kong, but the Ministry again denied the passport on the grounds that North Korea was not recognized as a state. This case illustrates the Japanese government's policy—rooted in the international context of the time—of blocking official contact with North Korea.

Meanwhile, some Zainichi Koreans held at the Ōmura Immigration Detention Center were sent back to South Korea and subsequently executed. Shocked by this, Minjeon intensified its push for repatriation to North Korea, adopting a strategy that linked the return of Zainichi Koreans eager to go north with efforts to secure the release of Japanese and ethnic Chinese detainees in China and the repatriation of Japanese nationals still held in North Korea.

The Japanese government, however, maintained a firm stance: it consistently refused landing permits for the Homeland Visit Delegation and denied any passport issuance. Additionally, the Japanese Communist Party criticized the repatriation movement, arguing that Kim Il sung's goals of peaceful reunification, independence, and economic reconstruction of the Korean Peninsula should be pursued through political struggle rather than repatriation, and thus took a negative view of the campaign itself.

2. Cooperation Between the Japanese Red Cross Society and North Korea

On November 9, 1953, at a conference in Moscow[3], the Japanese Red Cross Society conveyed a heartfelt request to the Soviet Red Cross Society[4]. It asked for confirmation of the welfare and whereabouts of Japanese nationals whose fate had been unknown since World War II—particularly those remaining in North Korea and Mongolia—and, if possible, assistance with their repatriation.

The Soviet Red Cross Society replied that such matters must be negotiated directly with each country's own Red Cross, effectively deflecting the request. Later that month, a "Japanese People's Peace and Friendship Delegation to Celebrate the Armistice" became the first Japanese group to visit North Korea since the war. This symbolic visit opened a window for civilian-level exchanges between Japan and North Korea.

On January 6, 1954, the Japanese Red Cross Society acted again. Through

---

3 On November 9, 1953, at a conference in Moscow, the Soviet Union, China, and North Korea met to discuss North Korea's postwar reconstruction and the security situation in Northeast Asia. The Soviet Union and China pledged support for North Korea, which helped Kim Il sung consolidate his power.

4 The Soviet Red Cross Society, established in 1918 as the successor to the Imperial Russian Red Cross founded in 1867, operates as part of the International Red Cross Movement. It has provided disaster relief, health and medical assistance, and liaison services for prisoners of war both domestically and abroad. During the repatriation project, it was a crucial partner in practice, since repatriation vessels from Japan to North Korea had to call at Nakhodka port in the Soviet Union.

the International Federation of Red Cross and Red Crescent Societies, headquartered in Geneva, it sent an official telegram to the Korean Red Cross Society[5]. The message stated: "Please confirm the welfare of Japanese nationals remaining in North Korea and provide transportation assistance to those who wish to return. If repatriation is feasible, we are prepared to arrange for Japanese residents in Japan who wish to go north to be repatriated as well."

A reply arrived via the Federation on February 9, noting that "only a very small number of Japanese nationals remain in North Korea, and those wishing to return may be assisted." However, it made no mention of repatriation for Zainichi Koreans to return to North Korea.

Undeterred, the Japanese Red Cross Society pressed once more, requesting a detailed list of Japanese nationals in North Korea and permission for them to correspond with family in Japan. No response ever came.

This episode underscores how limited humanitarian negotiations were under those circumstances: with the Japanese government refusing to recognize North Korea diplomatically, even Red Cross channels proved difficult to operate.

Meanwhile, the Korean Red Cross Society's willingness to assist Japanese

5 The Red Cross Society of the Democratic People's Republic of Korea was founded in 1946. Functioning under North Korean government policy, it delivers humanitarian aid within North Korea and serves as a channel of communication between North Korea and the outside world. However, due to political circumstances, its international activities are often more restricted than those of other national Red Cross societies.

repatriation would later influence the campaign to repatriate Zainichi Koreans. At this time, however, discussions about Zainichi Koreans' repatriation had not yet taken shape, and the primary focus remained on returning Japanese nationals.

3. Relationship Between Minjeon and the Workers' Party of Korea

After August 1953, Minjeon began steering its repatriation campaign in a new direction. By early 1955, it reached a decisive turning point: Minjeon formally reorganized itself into Chongryon[6] (General Association of Korean Residents in Japan), and the movement to return to North Korea was reframed under this new structure.

A key feature of this transition was Minjeon's break with the Japanese Communist Party's guidance and its deepening alliance with the Workers' Party of Korea. At the heart of this realignment stood the so called "Homeland Faction," led most prominently by Han Deok su.

Born in 1907 in Gyeongsan, North Gyeongsang Province, Han traveled to Japan in 1927 to study at Nihon University's College of Arts but left and

6 Chongryon (the General Association of Korean Residents in Japan) was founded on May 25, 1955, by Zainichi Koreans who regard the Democratic People's Republic of Korea as their homeland.

joined the Japanese Communist Party. He had been active in labor organizing before the war, then clandestinely traveled to North Korea afterward, forged a personal bond with Kim Il sung, and later served on North Korea's Provisional Fatherland Front Central Committee[7]—playing a decisive role in redirecting the Zainichi movement in Japan.

Han criticized the Japanese Communist Party's extreme, sacrifice driven tactics and resented seeing Zainichi Koreans used merely as instruments of revolution in Japan. He believed that direct solidarity with North Korea offered a better path to improving their lives—hence Minjeon's shift toward a North Korea-centered homeland nationalism.

Meanwhile, broader shifts in communist bloc diplomacy accelerated this change. Stalin's death in March 1953 and Malenkov's subsequent call for peaceful coexistence signaled a thaw in Soviet policy. China's participation in the 1954 Geneva Conference[8] on Indochina and Korea[9]—and its advo-

7 As the central organization of the Democratic Front for the Reunification of the Fatherland, it serves as the front's supreme decision making body—setting core strategies and policies and coordinating all political activities related to Korean reunification.

8 Although the armistice agreement was signed on July 27, 1953, no formal peace treaty was concluded. The goal of the Geneva Conference was to discuss the peaceful reunification of the Korean Peninsula and a political settlement; however, South Korea insisted on unification through free elections, while North Korea—backed by the Soviet Union and China—held firmly to its stance. As a result, no substantive conclusion was reached, and the peninsula remained divided.

9 At the 1954 Geneva Conference on Indochina, negotiations were held to end the First Indochina War, and as a result, it was agreed to divide Vietnam into North and South along the 17th parallel north and to establish a unified government through free general elections. At the same time, the independence of Laos and Cambodia was recognized, and France decided to withdraw its forces from Indochina.

cacy of the Five Principles of Peaceful Coexistence[10]—demonstrated a new, more flexible diplomatic approach[11]. These developments influenced North Korea's foreign strategy and, in turn, reshaped Zainichi activism in Japan.

On August 30, 1954, North Korea's Foreign Minister Nam Il(南日) issued a forceful statement to the Japanese government, accusing it of coercing Zainichi Koreans into South Korean nationality, attempting forced expulsions, and depriving them of property and educational freedoms. He demanded that Japan recognize Zainichi Koreans as citizens of the DPRK and guarantee their rights.

This declaration not only countered South Korea's effort during the Korea-Japan talks to define Zainichi Koreans as 'South Korean nationals' but also directly challenged the Japanese Communist Party's revolutionary framing of Zainichi Koreans.

Later that year, on October 12, the Soviet Union and China issued the 'Sino Soviet Joint Declaration on Relations with Japan', and a Chinese Red Cross delegation visited Tokyo to underscore the Five Principles of Peaceful

10 Proposed in a Sino–Indian agreement in 1954, the Five Principles of Peaceful Coexistence are basic tenets of international relations that stress the peaceful co-existence of sovereign states. They became a key ideology for maintaining peace during the Cold War and served as the foundation for China's—and other countries'—peaceful diplomacy. 1. Mutual respect for sovereignty and territorial integrity 2. Mutual non aggression 3. Non interference in each other's internal affairs 4. Equality and mutual benefit 5. Peaceful coexistence.

11 It was a diplomatic strategy spearheaded in particular by communist states, taking shape as peaceful coexistence, peace negotiations, and peace conferences.

Coexistence—noninterference in internal affairs and respect for each country's laws and culture. As the communist bloc's stance evolved, Minjeon's tactics likewise shifted from militant confrontation toward seeking diplomatic normalization and peaceful coexistence.

By early 1955, even the Japanese Communist Party had revised its position. When Nam Il publicly expressed North Korea's willingness to normalize relations with Japan on February 25, the Party welcomed the overture, warning that continued confrontational methods could hinder normalization. It urged Minjeon to fundamentally change its strategy and focus on Japan-DPRK normalization.

In that atmosphere, Minjeon resolved to dissolve itself and give way to Chongryon, preparing for a new era in which the repatriation campaign—once driven by solidarity with the Workers' Party of Korea—would now prioritize strengthening ties with North Korea and pursuing formal diplomatic recognition.

4. The Role of Minjeon and the Liberation Newspaper

On February 27, 1955, Kudo(工藤) —director of the Foreign Affairs Department at the Japanese Red Cross—gave an interview to a reporter from <Liberation Newspaper[12]>, published in the March 3 issue. The focus of the conversation was repatriation to North Korea. Kudo stated carefully, "I sincerely hope the return of Japanese nationals remaining in North Korea will come to fruition."

The reporter pressed on: "In Foreign Minister Nam Il's statement, he said that concrete economic and cultural exchanges could deepen mutual understanding and friendship. Do you agree?" Kudo nodded and replied, "Absolutely. Japan cannot survive without trade, and no power—even the United States—can block it. Once trade is possible, travel between our countries will naturally flourish."

The reporter asked again, "Among those held at the Ōmura Detention Center, some wish to return to North Korea. What are your thoughts?" Kudo answered thoughtfully, "It is only natural that Zainichi Joseonin wish to return to their homeland. However, because of diplomatic relations with President Rhee's government and the number of would be returnees, the government cannot yet provide vessels."

That very day, Liberation Newspaper also ran an article reporting that 'Zainichi Korean Liberation Relief Association (在日朝鮮解放救援会, Haegu)' under Minjeon had officially launched its repatriation campaign. Under the headline *"Survey of Prospective Returnees Begins... Haegu as a Mass Demand*

12 Liberation Newspaper was founded on October 10, 1946, by the League of Koreans in Japan (Chōren) and began as the organ representing North Korea's political ideology and positions. After the General Association of Korean Residents in Japan (Chongryon) was established in 1955, it continued as Chongryon's official publication.

Movement," the article signaled the shift from limited political debate to a popular movement linked to everyday life.

It highlighted how Haegu was taking fresh action amid Minjeon's internal policy shift. Many Zainichi Koreans had been denied the chance to fully employ their skills in Japanese society; facing discrimination and hardship, they yearned instead to contribute to the "nation building" of their homeland.

The article went on to report that Haegu was conducting regional surveys of return hopefuls, laying a practical groundwork for repatriation. And in its April 5, 1955 issue—under the title "Let's Actively Organize the 'Repatriation Movement' in the Effort to Adjust Japan-DPRK Diplomatic Relations"—it showed that Minjeon was systematically advancing this campaign from within.

Voices of those wishing to return began to coalesce, and on May 20, 1955, <Liberation Newspaper> announced that a "Meeting of Prospective Returnees" would be held in Tokyo. This conference was an occasion reflecting the trend of criticizing the repatriation movement that had been suppressed by the Japanese Communist Party and the Ethnic Affairs Department within Minjeon, and of urging national consciousness and participation in homeland-building.

Finally, from May 24 to 26, 1955, Minjeon held its 10th Interim Congress in Tokyo. There, Minjeon resolved to dissolve itself and re form as Chongryon (General Association of Korean Residents in Japan), cementing its ties with

North Korea. Far more than a mere reorganization, this decision marked a turning point that fundamentally reshaped the future path of the Zainichi community.

In this way, Liberation Newspaper faithfully chronicled how Minjeon's repatriation campaign evolved from an ideological movement into a mass movement intertwined with the lives and dreams of individual Zainichi Koreans—an urgent hope to return to one's homeland and, at the same time, a step into a new era.

Chapter 5

The General Association of Korean Residents in Japan (Chongryon) and the Northward Repatriation Movement (1955-1958)

In 1955, with the founding of the General Association of Korean Residents in Japan (Chongryon), the Northward repatriation movement[1] entered a new phase. The aspiration to return to North Korea and contribute to the homeland's rebuilding began to take concrete shape, and a variety of organizations and individuals became actively involved. Tensions over repatriation in the Ōmura Immigration Detention Center grew increasingly sharp, while both North Korea and Japan pursued diplomatic and humanitarian channels to address the issue.

In this chapter, we will trace the course of the repatriation campaign from 1955 through 1958, focusing on Chongryon's role in launching the movement; the key incidents at Ōmura; the Japan-DPRK(日朝) consultations and Red Cross initiatives; North Korea's responses; the involvement of the International Committee of the Red Cross (ICRC); and the experimental mass repatriation of forty eight individuals, examining the impact of each on the wider repatriation drive.

1 In Japan, the movement led by the General Association of Korean Residents in Japan (**Chongryon, 在日本朝鮮人連盟**) was officially called the "Repatriation Movement", a term reflecting Chongryon's view of North Korea as the homeland. In Korea and among third parties, the terms "Northward Repatriation Movement" or "Northward Repatriation Program" are preferred as more neutral labels that accurately indicate the actual destination.

1. Formation of the General Association of Korean Residents in Japan (Chongryon) and the Development of the Northward Repatriation Movement

In May 1955, the day after Zainichi Korean Democratic Front (Minjeon) was dissolved, the General Association of Korean Residents in Japan (在日本朝鮮人聯合会, Chongryon) was founded. At its inaugural conference—held May 25-26—468 delegates and 470 observers attended. A portrait of Kim Il sung was displayed at center stage, flanked by the North Korean flag and banners reading "Long live our revered Leader Marshal Kim Il sung!" and "Long live our glorious homeland, the Democratic People's Republic of Korea!" The atmosphere shifted overnight from a Japanese style event to a North Korean style political rally.

In its founding declaration, Chongryon called for unity around Kim Il sung and urged resistance against the United States and the Rhee regime. It pledged to act as loyal citizens of the DPRK and to carry out activities faithfully in accordance with its policies.

Immediately after its establishment, in June 1955, Chongryon set up a Repatriation Measures Committee to survey prospective returnees. Then, on July 15, it held the "Tokyo Conference for Koreans Wishing to Return"—attended by 415 would be returnees from across Japan, including roughly 100 from the Tokyo area alone.

Most of those hoping to return were well aware that conditions in North Korea were far from easy. Yet, having faced discrimination and exclusion in Japan, they saw North Korea as a new foundation on which to contribute to their homeland's reconstruction. Many scientists and engineers preferred to join the national revival rather than continue struggling in Japan, and others decided to return for the sake of their children's education and living conditions. This all took place before the mass propaganda campaign proclaiming North Korea a "paradise on earth"[2] had begun.

That same July 15, Japan's House of Representatives Foreign Affairs Committee held hearings on the subject of repatriation to North Korea. A list of 221 prospective returnees was submitted, and among the witnesses were Hong Deung(洪登), president of the Association of Zainichi Korean Natural Science and Technology Professionals (在日朝鮮人自然科学技術協会), and a female representative. At the hearing, Nakagawa(中川), Director of the Asia Division at the Ministry of Foreign Affairs, stated that "it is wrong to deny Zainichi Koreans the freedom to leave Japan," and affirmed that those wishing to return to North Korea should be allowed to do so—while adding that the government could not provide vessels, given the state of Japan-ROK

2 The General Association of Korean Residents in Japan (Chongryon) promoted its repatriation campaign by portraying North Korea as a "paradise on earth." They emphasized that in North Korea there was no discrimination and that education, medical care, and housing were all provided free of charge—depicting it as an ideal place to live for Zainichi Koreans who had faced prejudice in Japanese society. This propaganda became a central tool for encouraging people to return.

relations.

Against this backdrop, on August 28 1955—marking the tenth anniversary of liberation—four members of Chongryon's Homeland Visit Delegation departed[3] Japan. Although officially termed a "visit," their journey was in practice very close to full repatriation.

2. The Ōmura Internment Camp Incident and the Japanese Government's Response

The Omura Immigration Detention Center, located in Omura City, Nagasaki Prefecture, was established in the 1950s by the Japanese government to detain undocumented entrants and those facing deportation. It housed a wide range of Zainichi Koreans—violators of the Alien Registration Law, anyone sentenced to imprisonment (excluding suspended sentences), those convicted of drug related offenses, and others deemed threats to public safety.

On July 27, 1955, ideological tensions boiled over when pro South Korean detainees objected to being housed alongside pro North Korean detainees. They staged a sit in demanding separation, and 31 people were subsequently isolated. This incident marked a serious escalation of "South aligned" versus

3 As there was no official route, they traveled overland through China via Hong Kong.

"North aligned" tensions within the camp.

On September 12, Kim Seong ryul (金性律), chairman of Chongryon's central committee, visited Omura. He urged detainees to declare their intention to return to North Korea—emphasizing that repatriation was possible if it reflected their free will. After his visit, many inmates began formally expressing their wish to repatriate.

But conflict only intensified. On November 18, over ten pro South Korean detainees attacked Chang Dong geun (張東根), a pro North Korean inmate; he died of his injuries a few days later. Two of the assailants received prison sentences.

On November 29, more than forty detainees hoping to return sent a blood written petition to Kim Il sung and the head of Japan's Immigration Bureau, pleading for repatriation. Then, on December 22, pro South Korean inmates tore down a North Korean flag that had been hung in the dormitory.

Chongryon launched a relief campaign to deliver cash and clothing to detainees, but on December 31 the distribution sparked renewed violence: pro South Korean detainees collectively assaulted their pro North Korean counterparts.

On December 29, 1955, North Korea's Foreign Minister Nam Il publicly accused the Japanese government of abetting "terrorist" activities and of using DPRK returnees as hostages in negotiations over Japanese fishermen held in South Korea. On January 9, 1956, Japanese authorities transferred the pro North Korean detainees to another facility, yet Omura's ideological clashes continued unabated.

Subsequent incidents included the assault on Kim Deok hwang (金德凰)—who had withdrawn his repatriation request—by a pro North Korean inmate, resulting in eight prosecutions. Far more than a mere administrative facility, Omura embodied the deep ideological rifts and tensions of the Zainichi Korean community in that era.

3. The Japan-North Korea Association and the Japan-North Korea Friendship Movement

On March 26, 1955, at the Budget Committee of the Japanese House of Representatives[4], Prime Minister Hato yama Ichiro(鳩山一郎) and Foreign Minister Shigemitsu Mamoru(重光葵) gave positive answers regarding improved relations with North Korea. As a result, North Korea began to take up in earnest the issue of repatriating Japanese nationals still remaining on its territory.

In April of the same year, following the Asia and Pacific Peace Conference

4 The House of Representatives is one of the two chambers of the National Diet of Japan, corresponding to its lower house. It is a legislative body directly elected by the people and holds stronger authority than the House of Councillors (upper house, six year term). Its term is four years, although it may be dissolved.

in New Delhi, India, and the Asian-African Conference in Bandung, Indonesia, representatives of North Korea and Japan came into contact. At that meeting, the North Korean delegation informed the Japanese side that it was preparing to repatriate Japanese residents. This was made possible after the families of those Japanese still in North Korea asked Japanese delegates to hand over a list of names and a situation report before departing for the conferences.

The following May, a Japanese delegation led by Hatanaka Masaharu(畑中政春) visited North Korea on their way home via China after attending the Asia and Pacific Peace Conference in New Delhi. This visit marked a turning point in the Japan-North Korea friendship movement with the establishment of the Japan-North Korea Association(日朝協会)[5].

In October 1955, two separate visits by Japanese parliamentary delegations to North Korea became significant indicators of the prevailing pro North Korea sentiment within Japan's political circles. The first visit, from October 18 to 20, involved a delegation of seven Diet members from the Socialist Party and one from the Labour Party, who went to Pyongyang to discuss the issue of Japanese residents left behind and received a list of 48

5 Founded to promote exchange and cooperation between Japan and North Korea, the Japan–North Korea Association worked to activate diplomatic, economic, and cultural exchanges between Japan and North Korea and to enhance bilateral relations. In particular, during the 1950s and 1960s—when official diplomatic relations between Japan and North Korea had not yet been established—it served as an unofficial channel.

individuals wishing to return.

The second visit, from October 26 to 29, addressed not only political but also economic, cultural, and exchange matters with the North Korean side. In particular, the joint communiqué—including provisions for "free movement of residents of both countries" and "guaranteed fishing rights for fishermen of both countries"—sparked serious discussion about the potential for improved Japan-North Korea relations.

After returning home, the delegation—including Sadao Koya—visited the Vice Minister of Foreign Affairs to share details of their meeting with Kim Il sung and requested that, together with the Japanese Red Cross Society, an official Japanese delegation be sent to North Korea. This initiative spurred the spread of the Japan-North Korea friendship movement within Japan and energized substantive discussions on facilitating repatriation.

On November 1 and 2, 1955, the first national conference of the Japan-North Korea Association was held in Tokyo. At that gathering, Hatanaka Masaharu was elected chairman, and the Association established itself as a concrete body to strengthen exchanges with North Korea. Hatanaka—a former Asahi Shimbun Moscow correspondent known for his sympathetic stance toward Soviet communism—had himself been targeted in the Red Purge.

North Korea supported the activities of the Japan-North Korea Association and spared no sponsorship. In particular, it provided large quantities of North Korean publications free of charge, which the Association used to raise funds through donation drives. These funds formed the foundation for its subsequent activities, and the Association gradually grew into an exchange centered organization within the Communist bloc. Because these activities were closely linked to the Japanese Communist Party's North Korea policy, Japan's public security authorities came to regard the Japan-North Korea Association as an affiliate of the Communist Party.

On November 3, 1955, the Korean Red Cross sent an official notice to the Japanese Red Cross Society, stating that including a representative of the Japan-North Korea Association in the Japanese delegation did not conflict with Red Cross principles and requesting prompt dispatch. While this request was burdensome for Japan's conservative factions, it gained support from the progressive camp and the Socialist Party under the banner of humanitarian cooperation.

Thus, in the latter half of 1955, humanitarian talks with North Korea—centered on the Japan-North Korea Association and the Japanese Red Cross Society—commenced in earnest, and the issue of repatriating Korean residents in Japan began to emerge as an international concern.

4. The Involvement of the Japanese Red Cross Society

On July 1, 1955, Inoue Matsutaro(井上益太郎) took office as Director of the Foreign Affairs Department of the Japanese Red Cross Society. A graduate of the University of Tokyo and a career diplomat, he had served as an elite official in the Asia Division 2 of the Ministry of Foreign Affairs of Japan, where he led research on the Chinese Communist Party.

On September 27 and 29 of that year, Inoue attended an executive meeting of the International Committee of the Red Cross (ICRC)[6] in Geneva, where he emphasized that "the repatriation issue with North Korea must be handled with caution due to the sensitive relationship with South Korea." He specifically warned that "if repatriation of Zainichi Joseonin proceeds, the Syngman Rhee Line issue could be reignited."

Inoue also sought to secure neutrality and fairness through cooperation with the ICRC. He inquired whether an ICRC delegate could accompany the repatriation ship departing from Japan, and received a positive response. He then explored a route via South Korea with the South Korean government, but when that was refused, the ICRC advised using a maritime corridor.

However, contact with North Korea went beyond a purely humanitarian issue and carried political implications. Inoue analyzed that North Korea

6 The International Committee of the Red Cross, founded in 1863, is a neutral humanitarian organization that operates to protect war victims and detainees and to uphold international humanitarian law.

intended to use repatriation to strengthen ties with the Soviet Union and China, expand cultural exchanges and trade with Japan, and even pave the way for diplomatic relations. He noted the possible existence of a separate organization within the Japanese Communist Party overseeing Japan-North Korea cooperation, warning that negotiations were part of a broader political strategy. He also cautioned that including the Japan-North Korea Association in any official Japanese delegation, with a view toward normalizing relations, would provoke strong backlash from South Korea.

Amid these sensitivities, the Japanese Red Cross Society consulted with the Japanese government and reversed its position, agreeing to meet the Korean Red Cross's request in order to prioritize repatriation of Japanese nationals. As a compromise to alleviate concerns over direct inclusion of the Japan-North Korea Association in the delegation, one of the Association's three executives resigned and was appointed as a contracted staff member of the Japanese Red Cross Society, accompanying the repatriation team.

This arrangement, however, drew fierce criticism from the South Korean government, which condemned Japan's agreement with North Korea as unfriendly toward Korea and objected to the inclusion of individuals linked to political activities in the repatriation delegation.

Thus, although the Japanese Red Cross Society worked to address the repatriation issue on humanitarian grounds, it faced difficult decisions within the delicate diplomatic balance between South Korea and North Korea.

Their efforts laid the groundwork for full-scale collaboration with the International Committee of the Red Cross on the repatriation of Korean residents in Japan.

5. Reception Policy for Returnees under the Kim Il-sung Regime

In October 1955, during their visit to North Korea, the Koya delegation heard from Kim Il sung and Foreign Minister Nam Il that North Korea would actively accept those among the Korean residents in Japan who wished to return. At that time, North Korea had embarked on a major post Korean War economic reconstruction. Under the 'Three Year Plan for Economic Recovery and Development' launched in 1954, with assistance from China and the Soviet Union, North Korea prioritized heavy industry while developing light industry and agriculture in parallel—creating an urgent demand for manpower and technical expertise.

In response to this shift, on December 15, 1955, the Asia Division 5 of Japan's Ministry of Foreign Affairs established its "Policy for Handling Repatriation Requests of North Korea Bound Applicants." Until then, the Japanese government had prioritized normalization of diplomatic relations with South Korea and prohibited mass repatriation to North Korea. Recognizing that entrusting repatriation procedures to the Japanese Red Cross Society—as had been done in cases of Chinese residents in Japan[7]—could mitigate political friction with South Korea, Japan decided that permitting repatriation, despite some risks, was in the national interest.

On December 29, 1955, North Korea's Foreign Minister Nam Il issued a statement titled "Guarantee of the Legal Rights of Korean Residents in Japan[8]," asserting that "Korean residents detained at the Omura internment camp are being unjustly held" and urging guarantees for their safety, education in their mother tongue, and livelihood. He also officially notified that the Korean Red Cross would dispatch a delegation to Japan to address these issues.

On January 11, 1956, Chongryon issued its "Chairman's Statement on Detainees at Omura Internment Camp," accepting the Korean Red Cross's proposal to dispatch a delegation and requesting the cooperation of the Japanese government to ensure smooth repatriation. The statement emphasized that approximately 1,800 individuals—many of them women and children—were being held at Omura Internment Camp. Fearing forcible transfer to

---

7 The Japanese Red Cross Society was also involved in the repatriation of Chinese residents in Japan (Taiwanese nationals) in the early 1950s. At that time, some of those Chinese residents wished to return to the People's Republic of China (mainland China), and from 1952 onward repatriation was conducted through consultations between the Japanese Red Cross Society and the Red Cross Society of China.

8 In socialist or communist systems, the term carries a strong political connotation beyond merely denoting nationality, signifying model citizens who are loyal to the state and who fulfill their rights and duties.

South Korea, they endured anxious days, and Chongryon called for full support to secure their voluntary return.

Simultaneously, North Korea moved to address the educational needs of young Korean residents in Japan. On January 16, 1956, the Cabinet of the Democratic People's Republic of Korea adopted 'Cabinet Decision No. 7', guaranteeing state funded education for those students wishing to study in North Korea, providing free clothing and school supplies, and awarding a monthly living scholarship of 20,000 won.

These measures were part of North Korea's broader strategy not only to receive returnees but to integrate them actively into its system. Welcoming returnees so warmly, Chongryon seized the moment to intensify its repatriation campaign.

6. The International Committee of the Red Cross (ICRC)'s Involvement

From September 1955, the Japanese Red Cross Society began actively discussing repatriation issues related to North Korea with the International Committee of the Red Cross (ICRC). In this process, the ICRC sought broader humanitarian solutions—not only for the return of Japanese nationals in North Korea, but also for the repatriation of Korean residents in Japan, separated families between North and South Korea, South Korean military prisoners of war, and victims of abduction to North Korea. On February 27, 1956, in Pyongyang, the ICRC mediated talks between the Korean Red Cross and the Japanese Red Cross Society, and at the conclusion of those talks they agreed to leave the repatriation of Korean residents in Japan as a joint humanitarian concern of both societies.

However, conflict continued on the ground. On April 6, 1956, around 50 Korean residents in Japan wishing to return to North Korea gathered in front of the Japanese Red Cross Society headquarters, demanding to be allowed aboard the ships carrying Japanese nationals. Similar demonstrations occurred simultaneously in Kyoto, Osaka, Okayama, Wakayama, Nagoya, and other cities. On April 17 at Maizuru Port, about 200 Korean residents in Japan again demanded boarding, but the Japanese Red Cross Society stated it could not comply without guarantees from South Korea regarding navigational safety.

Nevertheless, hopes for repatriation endured. Ultimately, on December 6 of that year, 20 individuals returned on a Norwegian vessel, and on March 31, 1957, 28 more returned aboard a Japanese fishing boat.

ICRC dispatched a Far East mission from April to June 1956 to ascertain the full scope of these events. The mission visited North Korea, South Korea, and Japan in succession, investigating various humanitarian issues—including the Omura Internment Camp, the situation of Japanese fishermen, and the Northward Repatriation of Zainichi Koreans. In North Korea, the delegation's itinerary included interviews with local journalists, a guided tour of central Pyongyang, screenings of North Korean films, attendance at a performance by Choi Seung hee, and inspections of collective farms, hospitals, and department stores—providing a comprehensive view of conditions and humanitarian challenges there.

Across three rounds of talks with the Korean Red Cross, North Korea expressed deep distrust of the Japanese government. They alleged that Japan intended to forcibly send Korean residents in Japan to South Korea in exchange for the release of Japanese fishermen detained there, and displayed a negative stance toward ICRC involvement.

In May 1956, while remaining in Japan, the mission met with Foreign Minister Shigemitsu, Prime Minister Hatoyama, executives of Chongryon, and the head of the National Police Agency's Foreign Affairs Division to hear their positions on Northward Repatriation. Some Diet members treated Korean residents as if they were merely "objects to be processed," the National Police Agency reported that the crime rate among Zainichi Koreans was significantly higher than among Japanese citizens, and the Ministry of Health and Welfare disclosed annual public assistance expenditures for Korean residents exceeding ¥200 million.

The ICRC also took testimony from officials of Chongryon, and the Korean Mission in Japan. Han Deok su of Chongryon reported that, aside from those in Omura, some 30,000 registered Korean residents wished to return, and that if large scale repatriation became possible, the vast majority would opt to go. Chongryon furthermore agreed with North Korea's reluctance to involve the ICRC directly.

Counselor Kim Yongsik(金溶植) of the Embassy of the Republic of Korea in Japan stated, "North Korea does not exist; there is only one Korea and one government. Only part of it is under occupation by the enemy. Therefore, we cannot permit someone originating from Korea to return to a portion of the homeland occupied by the enemy Zainichi Koreans can choose only to remain in Japan or to return to their homeland, Korea."

On May 9, 1956, the mission visited South Korea and met with President Syngman Rhee. At first, President Rhee expressed mistrust toward the delegation, noting, "According to Japan's announcement, you regard the ICRC as Japan's proxy," but his tone softened once the delegation explained the purpose of its Far East visit. Regarding the Omura Internment Camp, President Rhee said, "Requests for the release of the detainees have been repeated but remain unresolved. Therefore, we cannot release Japanese nationals in Busan who have completed their sentences as a response."

On May 14, the mission inspected the Busan Internment Camp[9]. At that

9 The Busan Internment Camp was established to detain Japanese fishermen who had entered South Korean territorial waters following the proclamation of the Syngman Rhee Line. It primarily housed Japanese fishermen who had completed their sentences and awaited repatriation. In the mid 1950s, according to records of the International Committee of the Red Cross (ICRC), hundreds of Japanese nationals

time, approximately 540 Japanese fishermen (aged 19-60) who had completed their sentences were awaiting repatriation; some had been held for up to 18 months since March 1955. The detainees wore clothing sent from Japan or provided by the South Korean government, medical supplies were sufficient, a doctor was stationed on site, and correspondence with Japan was possible.

On May 19, the delegation visiting Omura Internment Camp received directly from the detainees—who hoped to return to North Korea—a petition demanding expedited repatriation. At that time, the total number of detainees was 1,467, including 450 law violators, 207 women, and 170 children.

On May 22, the delegation held talks with the Vice Minister of Justice of the Ministry of Justice of Japan to discuss the camp issue. The delegation pointed out that "it is extremely unjust for innocent children to be detained in unsanitary conditions, with many people crowded together," and emphasized the need for both Japan and Korea to reach a mutual agreement on reciprocal releases.

In a letter to its headquarters, the ICRC stated that, since the core of this issue had been obscured by propaganda and political debate, it was important to refocus on the original humanitarian perspective. It also stressed that the matter must be handled under the neutrality and humanitarian principles led by the ICRC and must not be swayed by any propaganda or external

were held there, and the camp became an international diplomatic flashpoint linked to the repatriation of Zainichi Koreans.

pressure.

7. Implementation of the Group Return Test

On April 6, 1956, at the Japanese Red Cross Society headquarters in Tokyo, the list of 48 Korean residents in Japan who had requested return to North Korea was formalized for the first time. Their repatriation was not an individual case but a pilot test for a future large scale group return.

At that time, these 48 sought repatriation at their own expense, and the Japanese government adopted an unprecedentedly proactive stance. The North Korean government also welcomed their return and prepared concrete reception plans and support measures. The Japanese Red Cross Society contacted the Korean Red Cross Society, requesting that it secure North Korea's entry permits and transit visas from the Chinese authorities—and conveyed the expectation that, if this repatriation succeeded, it would lay the groundwork for mass returns.

However, unforeseen conflict erupted. Chongryon feared that these self funded returns could block mass repatriation—worried that the Japanese government might use them as a precedent to evade funding future returns. Consequently, Chongryon temporarily suspended its support for the 48, heightening tensions with the would be returnees. The returnees, in turn, criticized Chongryon's suppression of their right to return and asserted their freedom to choose repatriation.

This issue reverberated not only within Japan but also on the Korean Peninsula and in the international community. On June 27, 1956, the Embassy of the Republic of Korea in Japan protested to the Japanese government over the "northward repatriation of the 48," and South Korea's Ministry of Foreign Affairs urged the British Consulate in Korea to refuse disembarkation in Hong Kong and to prevent British ships from carrying them.

Yet the South Korean government's objections lacked persuasiveness. North Korea had not yet launched its grand "Paradise on Earth" propaganda, and there truly were Korean residents in Japan voluntarily wishing to return. Although the South Korean government argued "we cannot believe they sincerely wish to return," Japanese society and much of the international community viewed these objections as unfounded, rooted in anti communist ideology.

Moreover, some voices in Japan criticized the dictatorship and human rights abuses of the Syngman Rhee Line regime, faulting the South Korean government rather than North Korea. South Korea had offered few concrete support measures for Korean residents in Japan, and both the Korean Red Cross Society[10] and the South Korean government openly opposed the

10 The Korean Red Cross Society was formally established in 1949 as a humanitarian organization and is the predecessor of The Korean Red Cross. It has collaborated with the International Committee of the

ICRC's humanitarian approach—drawing the ICRC's displeasure.

On July 16, 1956, the ICRC sent letters to the Japanese Red Cross Society, the Korean Red Cross Society, and the North Korean Red Cross Society, declaring its willingness to actively support humanitarian repatriation of those wishing to return. The ICRC headquarters then proposed trilateral talks among the three societies to discuss northward repatriation of Zainichi Koreans. However, the Korean Red Cross Society maintained firm opposition to all proposals.

On December 2, 1956, the ICRC again sent letters to the three Red Cross societies reaffirming the principle that "freedom of movement or return to one's homeland must be guaranteed under all circumstances, and repatriation should take place without delay." It expressed its readiness to mediate and requested cooperation from the relevant authorities. Ultimately, the Japanese Red Cross Society supported the procedures and arranged vessels for the 48 repatriations, and the ICRC issued travel documents to them.

On the night of December 6, 1956, twenty of the 48—along with three students wishing to study in North Korea—secretly departed from Moji(門司) Port in Kyushu(九州) aboard a Norwegian vessel. They transited through Shanghai and Beijing, arriving in Pyongyang on December 14. The remaining 28 departed about three months later, on March 31, 1957, from Hakata

Red Cross on prisoner of war exchanges, reunions of separated families, and humanitarian issues concerning Zainichi Koreans.

Port aboard a Japanese fishing boat, arriving in Chongjin on April 4.

These two northward repatriations of the "48" were not mere individual returns but pilot measures pointing toward large scale repatriation, bearing historical significance and clarifying the contours of future international and political conflicts over mass returns.

8. ICRC's Survey of Returnee Aspirations

On February 26, 1957, the International Committee of the Red Cross (ICRC) delivered an official memorandum to the Japanese Red Cross Society, the Red Cross Society of the Democratic People's Republic of Korea, and the Korean Red Cross Society, proposing a survey of those wishing to return. The memorandum contained detailed implementation measures. The ICRC announced plans to dispatch a special delegation to verify the free will of returnees and for the Japanese Red Cross Society to establish a technical unit to receive repatriation applications.

Each national Red Cross Society was to negotiate departure conditions, returnee lists, and schedules, with the ICRC offering to mediate. Transport would be provided by the Japanese government and the Japanese Red Cross Society, while arrival country Red Cross Societies and governments would assume responsibility for onward arrangements.

The cost of return was to be split 50/50 between the Red Cross Societies of Japan and the receiving country—demonstrating the ICRC's strong commitment to a humanitarian approach to the return of Zainichi Koreans.

The Japanese Red Cross Society queried whether the plan required unanimous consent of all three nations or if repatriation to North Korea could proceed even if South Korea objected while Japan and North Korea agreed.

In its April 5 reply, the ICRC judged that withholding repatriation pending all approvals would disadvantage prospective returnees and affirmed that return to North Korea could proceed on a priority basis. It further specified that each Japanese Red Cross branch should compile separate lists of applicants—both those wishing to return to North Korea and those wishing to return to South Korea—organized by place of residence so that an ICRC delegate could confirm each person's voluntary intent.

In early April 1957, Director of Foreign Affairs Inoue Matsutaro of the Japanese Red Cross Society visited Geneva for talks with ICRC officials. He expressed concern about the impact of northward repatriation negotiations on Japan-South Korea relations, warning that reciprocal-release talks over detainees in Busan and Omura Internment Camp might be undermined. He also cited the absence of guaranteed safety for ships carrying returnees as a serious issue.

In its April 16 response, the ICRC confirmed that some Zainichi Koreans strongly desired early return to North Korea and were desperate to leave

Japan. Therefore, if the Japanese government granted exit permission and North Korea signified acceptance, the principle of freedom to return must be upheld.

The ICRC also judged that a nationwide survey was needed to determine whether Zainichi Koreans wished to return to North Korea, South Korea, or remain in Japan—but recommended that such a survey follow completion of detainee exchange negotiations between Japan and South Korea.

The highest priority of the survey was to ensure entirely voluntary decision making: applicants for repatriation must be free to apply without hindrance, and those choosing to stay in Japan must have their choice respected. The ICRC emphasized that the survey be conducted calmly and impartially, free from political propaganda or external pressure.

This survey stood at the front line of the political and diplomatic conflicts surrounding the lives and choices of Korean residents in Japan. Yet the ICRC consistently underscored humanitarian principles, repeatedly asserting that their freedom of return or residence must be guaranteed.

9. The Zainichi Korean Return Issue and the Korea-Japan Talks

On August 16, 1957, President Shimazu(島津) of the Japanese Red Cross

Society delivered a letter to Prime Minister Kishi Nobusuke(岸信介) and the Ministers of Foreign Affairs, Justice, and Health and Welfare, stressing that the Omura Internment Camp issue and the repatriation of Korean residents in Japan must be resolved urgently on humanitarian grounds. He requested that, if a Japan-South Korea summit could not be convened promptly, at least those "affiliated with North Korea" be released first and repatriated there—so that the Japanese government could implement the proposals of the International Committee of the Red Cross (ICRC).

In 1958, after four and a half years, the Fourth Official Japan-South Korea Talks were held. The principal agenda items were reparations claims against Japan and the legal status of Zainichi Koreans. In particular, the Committee on the Legal Status of Zainichi Koreans —established in 1951—revisited the criteria for forced expulsion.

At that meeting, Japan proposed six grounds for deporting Zainichi Koreans: (1) those convicted of crimes; (2) those living in unstable conditions or earning a livelihood by prostitution or other illicit means; (3) illegal entrants; (4) persons with Hansen's disease or mental illness; (5) those violating immigration regulations; and (6) those acting against Japan's national interests—such as attempting to subvert the government or violating the Constitution. Because these criteria were so broad, South Korea vehemently opposed them as evidence of a Japanese intent to expel Korean residents en masse.

Meanwhile, a Japan-South Korea Liaison Committee on Detainee Issues was also convened. By May 18, 1958, the South Korean government had released and repatriated all detained Japanese fishermen, and by May 23 had completed the detention of 1,003 illegal entrants in South Korea.

During this period, the General Association of Korean Residents in Japan (Chongryon) focused on resolving the Omura Internment Camp issue and opposing the South Korea-Japan Talks; there was no significant movement within the broader community of Korean residents toward large scale repatriation. At Chongryon's Fourth National Congress in May 1958, repatriation efforts were scarcely addressed—reflecting internal conflicts between the "Pro Motherland faction" led by Han Deok su and the "Old Minjeondang faction" that had dominated during the pre Liberation period. Organizational consolidation and unity were therefore Chongryon's top priorities.

The years 1955 to 1958 marked a pivotal transition in the Zainichi Korean Repatriation Movement as it became increasingly institutionalized and evolved into a mass movement. With Chongryon's founding, systematic surveys of repatriation candidates to North Korea began, laying the groundwork for an organized repatriation campaign. At Omura Internment Camp, ideological tensions between "South Korea affiliated" and "North Korea affiliated" detainees intensified—symbolizing divisions within the Korean community in Japan.

During this time, the Japan-North Korea Association, the Japanese Red Cross Society, and the ICRC increasingly engaged in repatriation issues, elevating the Korean residents' return movement to an international humanitarian concern. Notably, the ICRC's proposal for candidate surveys and the pilot repatriation of "the 48" provided a critical foundation for future large scale returns.

However, these developments coincided with delicate diplomatic tensions between Japan and South Korea. While Japan cautiously permitted repatriation out of concern for its relationship with South Korea, the latter strongly opposed any returns to North Korea. Caught between political considerations and personal convictions, Korean residents in Japan faced agonizing decisions about their homeland.

As discussed in Chapter 5, Chongryon's internal strengthening, North Korea's willingness to accept returnees, and international organization involvement were decisive in building the institutional framework for the ensuing large scale repatriation movement. The next chapter examines how these preparations translated into actual repatriation initiatives and the organization of mass returns.

Chapter 6

Expansion of the Northward Repatriation Movement

From 1958 onward, the repatriation movement expanded in unprecedented scale under the slogan "Paradise on Earth." North Korea leveraged this campaign to secure political and economic advantages, applying various pressures on the Japanese government to push its repatriation program forward.

Through the repatriation movement, North Korea sought to showcase the superiority of its system to the international community and to gain strategic benefits vis à vis South Korea. The return of Zainichi Koreans evolved from a mere migration issue into a complex diplomatic matter intertwined with the interests of multiple states.

This chapter examines how the repatriation movement spread on a large scale and the strategies and plans North Korea devised to achieve it. Focusing in particular on the hunger strikes at Omura Internment Camp, North Korean public statements, and Kim Il sung's speeches in 1958, it will explain the background and progression of the repatriation movement led by the General Association of Korean Residents in Japan (Chongryon). It will also cover the reactions of Japanese society and political circles, as well as the South Korean government's response.

1. Expansion of the Northward Repatriation Movement and North Korea's Strategy

On June 26, 1958, about 81 of the approximately 90 detainees at Omura Internment Camp who wished to return to North Korea began a hunger strike. Refusing food to press their case, they made their desperate yearning for repatriation known to the world.

Then on July 8 of the same year, North Korea's Foreign Minister Nam Il issued a statement criticizing the Japanese government's attempt to forcibly send these detainees to South Korea and demanding their immediate repatriation to North Korea. He also requested permission for a North Korean representative to enter Japan.

In this context, South Korea's President Syngman Rhee took a hard line, declaring that he would not accept any release of the hunger strikers unless it presupposed their return to South Korea. The Republic of Korea Consulate in Japan was in successive talks with Prime Minister Kishi and senior Foreign Ministry officials to find a solution, while the Japanese government—particularly the Ministries of Justice[1] and Foreign Affairs—was considering repatriation on humanitarian grounds. They were mindful that any deaths among the hunger strikers could provoke vehement protests from Chongry-

1 The Ministry of Justice (法務省) is Japan's central administrative agency responsible for legal administration, prosecution, immigration control, and the operation of correctional facilities.

on.

On July 6, the hunger strike by the North Korea-affiliated detainees was suspended, but was immediately followed by a new strike from South Korea-affiliated detainees. Opposing the release of their North Korean counterparts, they demanded repatriation to South Korea; this second strike continued until July 17.

Meanwhile, North Korea began more systematic preparations for a repatriation campaign. In August of that year, under the slogan "Paradise on Earth," it launched a large scale repatriation movement—built on plans drawn up as early as July, complete with a detailed scenario and rigorous preliminary work.

North Korea pursued both political objectives and economic gains through this campaign. Politically, it aimed to demonstrate the superiority of its system on the world stage and to advance its unification strategy and operations against South Korea. Economically, it sought to secure labor, technical expertise, and assets for its socialist construction.

On September 8, 1958, Kim Il sung delivered a speech at the 'Tenth Anniversary of the Founding of the Republic gathering', sharply criticizing the Kishi administration in Japan. He pointed out that Zainichi Koreans were held in internment camps without recognition of their national rights and condemned the Japanese government's inhumane use of them as political tools. He then warmly welcomed compatriots wishing to return to North

Korea and promised to guarantee the necessary conditions for returnees.

In his September 16 statement, Foreign Minister Nam Il highlighted the unemployment, discrimination, restricted educational opportunities, and insecurity faced by Korean residents in Japan, and criticized the Japanese government's irresponsibility. He urged Tokyo to take immediate measures so that returnees could lead stable lives in their homeland.

On October 16, Kim Il(金一)[2] announced a new proposal via Pyongyang Broadcasting in response to a question from a Korean Central News Agency reporter. He stated that North Korea was prepared to cover all travel expenses for returnees and provide transportation—including steamboats—and emphasized that factories and rural communities across the country were ready to receive them.

Meanwhile, Chongryon launched a full scale repatriation campaign. In mid October, Chongryon designated a "Day of Repatriation Requests" nationwide and held large scale rallies at 586 locations, mobilizing some 70,000 participants. At these gatherings, they issued three demands—immediate and unconditional repatriation, docking of repatriation vessels, and comprehensive guarantees from the Japanese government—and resolved to submit them to municipal authorities and the National Diet.

2 Kim Il(金一) acted as Kim Il sung's right hand man and was regarded as a key figure in national and economic affairs under the North Korean regime. He played an important role in North Korea's economic development and agricultural collectivization, and was particularly involved in activities related to the northward repatriation project.

At the same time, Chongryon announced that the number of repatriation applicants had exceeded 37,000, and by the end of January 1959, that figure was expected to reach 117,000. Chongryon's Central Repatriation Committee even projected that the total could ultimately rise to 300,000.

2. Repatriation Support Activities within Japanese Society

The atmosphere surrounding the northward repatriation campaign gradually spread within Japanese society. With the "Paradise on Earth" image heavily promoted, a movement to support the hopes of Zainichi Koreans who wished to return began to gain sympathy even among Japanese citizens.

Building on this momentum, Chongryon organized a variety of initiatives to broaden support in Japan. From November 1, 1958, until the end of January 1959, Chongryon carried out a nationwide "Petition for Repatriation" campaign. Grounded in the conscience and solidarity of the Japanese people, this effort sought to realize the wishes of those desiring to return.

Starting in late September through early October 1958, Chongryon's Central Repatriation Committee began requesting cooperation from Japanese political parties and civic groups. Targets ranged from the Liberal Democratic Party, the Socialist Party, and the Japanese Communist Party to major labor unions, legal associations, and cultural figures. The Japanese Communist Party, through the Japan-North Korea Association (日朝協会), effectively supported this movement, and its official newspaper 『Akahata[3](赤旗)』 stated on October 21, 1958, that it "fully supports the repatriation of Zainichi Joseonin."

The Socialist Party also took a deep interest in the issue. Notably, in October 1955, Sadawo Koya(古屋貞雄) and Kei Hoashi(帆足計) played central roles during their visit to North Korea. Koya became chairman of the Japan-Korea Research Institute, and Hoashi served as secretary general of the 'Repatriation Cooperation Council'. Hoashi had spent part of his childhood in Korea and even attended Pyongyang Middle School.

In January 1957, at its 13th National Convention, the Socialist Party adopted a "Resolution on Promoting Normalization of Japan-Korea Relations," pledging party level efforts to expand exchanges with North Korea. The resolution affirmed support for economic and cultural exchange with both North and South Korea and expressed a desire for peaceful reunification, while treating the repatriation of Zainichi Koreans as a key priority.

On November 17, 1958, cross party "reformist" organizations—led by the Socialist Party and the Japanese Communist Party—launched the Council

3 The official organ of the Japanese Communist Party, founded in 1928, and one of Japan's media outlets covering political and social issues from a left wing perspective.

for Repatriation Cooperation of Zainichi Joseonin[4](在日朝鮮人帰国協力会). Framing repatriation as a humanitarian rather than political issue, they emphasized Japanese conscience and neighborly friendship, arguing that assisting Korean residents to return was a moral obligation.

Meanwhile, Chongryon and its affiliated bodies took concrete steps to underpin repatriation support. On January 21, 1958, Chongryon and its Commerce and Industry Federation formed the Zainichi Korean Trade Cooperative (在日朝鮮人無貿易協同組合), uniting Korean run trading firms and other enterprises to build a trade base with North Korea.

In June of that year, the Korea International Trade Promotion Committee (朝鮮国際貿易促進委員会) established the Tripartite Japan-Korea Trade Liaison Council, and in July it held a central rally for the Japan-North Korea Direct Trade Movement (日朝直接貿易実現運動), expanding trade advocacy into a mass popular movement.

Within this climate, the Japanese Red Cross Society published in December 1958 a report titled The 『Living Conditions of Zainichi Joseonin (在日朝鮮人の生活の実態)』, highlighting their circumstances and arguing the necessity of a repatriation program.

4 The General Association of Korean Residents in Japan (Chongryon), the Japan–North Korea Association (日朝協会), and the Council for Repatriation Cooperation of Zainichi Joseonin were collectively known as the "Three Repatriation Societies." These three organizations actively supported and promoted the repatriation of Zainichi Joseonin to North Korea, spearheading the repatriation movement. Working in close cooperation on the issue of return to North Korea, they played a crucial role in realizing the repatriation of Zainichi Koreans.

By mid January 1959, the Kishi administration firmly decided to proceed with repatriation to North Korea. Nevertheless, Kazuo Yatsugi(矢次一夫)—known as a pro Korea figure—voiced strong opposition. Having visited South Korea in May 1958 to meet President Syngman Rhee, Yatsugi warned that repatriation would damage Japan-South Korea relations and even labeled it "a betrayal" in his criticism of Foreign Minister Fujiyama and other officials.

3. The South Korean Government's Response

On October 1, 1958, when full scale Japan-South Korea talks resumed—including the Fisheries Subcommittee—the issue of repatriation for Korean residents in Japan did not receive priority on the agenda. At that time, a problem emerged at Omura Internment Camp, where detainees were seeking return, and the Embassy of the Republic of Korea in Japan had to respond urgently. However, in the complexity of events, reporting was delayed and coordination with Seoul was not smooth.

Recognizing the seriousness of the situation, President Syngman Rhee instructed the embassy to engage in covert diplomatic negotiations. Through unofficial channels with Japan's Ministry of Foreign Affairs, the embassy conveyed that South Korea might consider accepting individual Korean residents in Japan—on condition that the Japanese government provide each with a modest allowance. This proposal, however, was limited in scope, and South Korea could not agree to any mass repatriation.

Vice Foreign Minister Yamada(山田) stated that "we can promptly cover travel expenses," but progress stalled. South Korea lacked precise information on Japanese government intentions and had little insight into the internal mood of Chongryon.

On October 27, 1958, a report from the Embassy to the Ministry of Foreign Affairs in Seoul noted that Chongryon itself was divided over methods of promoting repatriation and that its leadership was pursuing policy unilaterally. The report forecast that success would depend on Japanese cooperation and recommended strategies to engage in information operations and foster internal discord within Chongryon.

Meanwhile, the Central Headquarters of Mindan issued warnings to Zainichi Koreans: "North Korea, short of labor, is luring people with sweet propaganda." Mindan cautioned, "Do not be deceived by talk of a 'Paradise on Earth,'" and criticized Chongryon for offering cash payments to encourage return applications.

On January 30, 1959, Foreign Minister Fujiyama(藤山) told reporters that various plans for repatriation were under review and concrete preparations were underway. Asked about the Japan-South Korea talks, he replied, "Unless South Korea accepts the abolition of the Syngman Rhee Line, talks cannot advance," signaling that he would not let repatriation concerns derail broader negotiations.

That same evening, Japan's Ministry of Foreign Affairs decided to commission the International Committee of the Red Cross (ICRC) as an impartial third party to survey those wishing to return. Deputy Foreign Minister Kim Yongsik(金溶植) of South Korea's Ministry of Foreign Affairs strongly protested at a January 31 press conference, warning, "This could seriously undermine the South Korea- Japan talks," and decried Japan's unilateral decision. On January 31, Foreign Minister Cho Jong hwan(曺正煥) likewise warned, "Repatriation to North Korea ignores South Korea's sovereignty; the responsibility lies squarely with Japan."

On February 2, 1959, Mindan's central body formed the "Anti Repatriation Struggle Committee" and delivered a formal protest to Foreign Minister Fujiyama and LDP Foreign Affairs Council Chairman Funada Naka(船田中). On February 12, about 300 Korean residents in Japan and supporters held a demonstration in front of the Foreign Ministry and the Diet, submitting petitions.[5]

On February 5, 1959, the South Korean government issued an official statement: "We absolutely cannot allow our nationals to be sent under communist rule," and warned that if Japan cooperated with North Korea and

5 It refers to an assembly in which participants formally appeal, in writing or by speech, to an administrative agency or its head.

continued to infringe on South Korean jurisdiction, Seoul would take commensurate measures in response.

On February 9, President Syngman Rhee gave a written interview to Agence France Presse (AFP)[6], in which he sharply criticized Japan. He asserted that "Japan is driving Koreans into the slavery of communism and treating them harshly just as during the colonial period." He expressed strong distrust of Japan's characterization of the repatriation project as a "humanitarian act," declaring it "not at all humanitarian."

Meanwhile, on February 7, Foreign Minister Fujiyama met with U.S. Ambassador MacArthur in Tokyo and informed him that the Cabinet would soon approve the repatriation program. Ambassador MacArthur replied that the repatriation campaign "appears to be a strategic tool of communism rather than a humanitarian effort," and urged the Japanese government to approach the matter cautiously so as not to derail the Japan-South Korea talks.

On February 13, 1959, the Japanese Cabinet officially decided to implement the repatriation program, prompting a response from the U.S. government. Washington, concerned about worsening relations in the region, stated that it "hopes no new hostile acts will arise in the Far East," and reminded South Korea that its forces operate under United Nations Command—and

6 AFP (Agence France Presse) is a French state owned international news agency founded in 1944 that supplies news to major media outlets worldwide.

that U.S. supplied equipment must be used only for legitimate self defense—warning Seoul against any hasty military reaction.

North Korea welcomed Japan's decision, praising Tokyo for choosing repatriation on humanitarian grounds regardless of politics. Pyongyang announced the formation of a "Reception Committee," promised job placements, livelihood support, and educational guarantees for returnees, and delegated repatriation logistics to the Korean Red Cross Society.

In response, that same night the Ministry of Foreign Affairs of the Republic of Korea dispatched Counselor Kim Yongsik[7] to Geneva to appeal to the International Committee of the Red Cross (ICRC), explaining the historical complexities of Korean residents in Japan and the realities of the Japan-South Korea talks, and urging that ICRC intervention was inappropriate. South Korean diplomats also tracked the ICRC delegate's movements in Bangkok and sought to influence proceedings there.

On February 21, the Japanese Red Cross Society, at the request of its government, sent Director of Foreign Affairs Inoue Matsutaro to Geneva to formalize ICRC involvement. Inoue asked the ICRC to send a delegation to Japan to verify returnees' intentions and coordinate practical arrangements, and invited representatives of the Korean Red Cross Society to Geneva for a Japan Korea Red Cross conference.

7 In 1959, Vice Minister of Foreign Affairs Kim Yongsik was appointed Chargé d'Affaires to France in February of that same year.

Shortly thereafter, delegations from the Embassy of the Republic of Korea in Japan, the Korean Red Cross Society, and South Korea's National Anti Repatriation Alliance also visited Geneva. On February 26, 1959, the ICRC released an official statement cautioning that "the issue is far more complex than initially anticipated, and any rushed action could provoke political tension in the Far East," urging all parties to proceed with restraint.

In discussions with Vice Foreign Minister Kim and U.S. Ambassador Walter C. Dowling[8], President Rhee indicated that "if the Japanese government provides appropriate compensation to Korean residents in Japan, South Korea would be willing to accept them." Ambassador Dowling expressed agreement. On April 6, 1959, South Korea signaled its readiness to resume the talks—though it conditioned its participation on the Japanese Red Cross withdrawing from the Geneva conference and recalling its delegation, a demand to which Japan did not immediately respond.

4. Signing of Repatriation Agreements and the Launch of the Northward Repatriation Program

On April 13, 1959, negotiations began at the International Committee

8 He served as the United States Ambassador to the Republic of Korea from 1956 to 1959.

of the Red Cross(ICRC) headquarters in Geneva between the Japanese Red Cross Society and the Korean Red Cross Society. Although the talks were intended to forge an agreement for repatriating those wishing to return to North Korea, they broke down immediately as each side's positions clashed sharply.

The Japanese Red Cross Society insisted that confirming "each individual's free will" be made a precondition for the agreement, which the Korean side vehemently opposed. North Korea feared that this clause could be exploited by South Korean propaganda or intervention to reduce the number of applicants. For the North Korean government, large scale repatriation was both a propaganda coup and an economic necessity, so any decline in applicants would deal a severe blow to its strategy.

After multiple rounds of discussions, the two sides finally reached a compromise. The Japanese Red Cross Society agreed in writing that "the free will verification process" would in no way consider applicants' region of origin, political beliefs, or whether they had family in North Korea, and it assured verbally that it would not even ask why someone wished to return. These terms were far more acceptable to the North Korean side.

On June 10, 1959, the two Red Cross societies announced they had concluded a Repatriation Agreement (Agreement for Repatriation to North Korea)[9].

9 When one wishes to stress that returnees are Zainichi Koreans going back to North Korea, the phrase "Agreement for Repatriation to North Korea" is used; the neutral term "Repatriation Agreement" is pre-

The news sent shockwaves through South Korean society. All political parties united to intensify the 'anti repatriation campaign', and both the South Korean foreign minister and the ambassador to Japan tendered their resignations in protest. On June 11, South Korea effectively severed economic ties with Japan.

At the end of June, the United States government stepped in with a mediation proposal for South Korea: uphold freedom of residence choice; permit repatriation to South Korea for those who wished it; send North Korea returnees only after ICRC review; assist any who opted for a third country; and grant permanent residency to those who chose to stay in Japan.

However, because the South Korean government considered North Korea an "illegitimate traitorous regime," it refused the proposal. In a July 13 meeting with Ambassador Walter C. Dowling and Vice Foreign Minister Kim Yongsik, President Syngman Rhee even conditionally agreed that "if Japan provides compensation to Korean residents in Japan, their repatriation could be permitted."

Around the same time, North Korea appealed for support from its socialist allies via the Soviet Union. The Red Cross Societies of the Soviet Union, China, Vietnam, Czechoslovakia, Hungary, and other socialist countries all sent letters to the ICRC endorsing the position of the Korean Red Cross

ferred by international organizations and the Japanese side.

Society. On July 15, the Japanese government, through Foreign Minister Fujiyama, also urged the ICRC to expedite approval of the agreement.

Finally, on July 30, 1959, the ICRC held an internal meeting and made the definitive decision to cooperate with the repatriation program—thus establishing both the official procedures and the necessary international endorsement for returnees.

Fifteen days later, on August 13, President Rhee reaffirmed South Korea's position on the Repatriation Agreement in a press conference. He insisted that "all Korean residents in Japan are South Korean nationals, and no repatriation can occur without South Korea's consent," sharply condemning repatriation as a violation of national sovereignty. That same day, Mindan's central office issued a statement declaring, "Repatriation is an act that turns our compatriots into slaves of the communist bloc and is absolutely unacceptable. We will not hesitate to take up the struggle if necessary."

On September 3, the Japanese Red Cross Society published a "Repatriation Information Notice" outlining procedures and details for those wishing to return. It clearly informed applicants that they could choose among three options—remaining in Japan, returning to North Korea, or returning to South Korea. However, the General Association of Korean Residents in Japan, the Japan-North Korea Association, and the Council for Repatriation Cooperation angrily denounced the notice as "a ploy to reduce the number of returnees."

Starting September 21, 1959, the Japanese Red Cross Society opened reception desks in 3,655 municipalities[10] across Japan to accept repatriation applications, but initial uptake was very low. By October 11, only about 230 applications had been registered. This measure followed advice from Dr. Pierre Juvet, vice president of the International Committee of the Red Cross, after his inspection of the Niigata(新潟) Red Cross Center on August 27, 1959. He instructed the Japanese Red Cross to explain fully to applicants the meaning of "freedom of residence choice" and clearly inform them that all three options—remaining in Japan, returning to North Korea, or returning to South Korea—were available.

Subsequently, under the mediation of Kei Hoashi(保利傑), secretary general of the Council for Repatriation Cooperation, negotiations took place between the Japanese government and the General Association of Korean Residents in Japan. The Japanese Red Cross agreed to simplify the "Repatriation Information" procedures, introducing a new system that included freedom of visits and outings and delivering information via brief notices rather than formal explanations. In early November, North Korea formally requested ship provision from the Soviet government, and the departure of the first repatriation vessel was finally scheduled for December 14.

10 Municipalities in Japan's administrative division system comprise cities (shi 市), towns (chō 町), and villages (mura 村). A shi is an urban area above a certain size; a chō is a small town equivalent to an "eup"; and a mura is a rural or mountainous community equivalent to a "myeon" or "ri."

On December 13, President Syngman Rhee declared martial law across the armed forces and ordered the Ministry of National Defense to plan for possible sabotage of the repatriation ship. However, the military concluded that the international and diplomatic repercussions made the use of force impossible, and the plan was never executed.

On December 14, a grand farewell ceremony was held at the central pier of Niigata Port for the first repatriation voyage. Two Soviet cargo vessels[11]—the Kuririon and the Dobrovsk—embarked 975 returnees from 238 households. Approximately 2,000 police were deployed for security, and some 3,000 Korean residents in Japan and other attendees gathered to bid farewell. Families of the returnees and representatives of Chongryon waved North Korean flags, sang the Song of General Kim Il sung, and shouted cheers of "Mansei." The two ships departed Niigata Port in sequence shortly after 2 p.m.

Thus began the "Repatriation Program," commonly known as Northward Repatriation Program. Over the following decade, this program profoundly affected many Korean residents in Japan and left a lasting impact on Japan-South Korea relations, inter Korean dynamics, and the international community.

11 The two vessels were conversions of Soviet cargo ships, so conditions on board were harsh and safety concerns were widespread. Because Japan and North Korea had no diplomatic relations, no direct sea routes existed between them, and the Soviet Union—then maintaining friendly ties with North Korea—acted as intermediary, providing the repatriation vessels and assisting with navigation.

Chapter 7

Developments in the Northward Repatriation Program

The northward repatriation program, which began with its first voyage in December 1959, entered its full scale development phase in the 1960s. In the early years, many Korean residents in Japan boarded the repatriation ships, drawn by the "Paradise on Earth" propaganda, but over time the mood gradually shifted. Reports from returnees who struggled to adapt to North Korean society began circulating among the community in Japan, quietly sowing doubt and skepticism about the program.

By the late 1960s, the number of people hoping to return had dropped noticeably, and North Korea itself started offering a wider array of incentives to attract returnees. Meanwhile, South Korea's rapid economic growth led Zainichi Koreans to see it increasingly as a land of new opportunities.

This chapter traces the repatriation program's rise, decline, and eventual de facto end. It also examines in detail the shifting strategies of North Korea and Chongryon, the Japanese government's stance, the maiden voyage of the Mangyongbong, key statements by Kim Il sung, and issues surrounding Japanese spouses, among other facets of this historical trajectory.

1. Extension and Continuation of the Repatriation Agreement

Beginning on December 1959 with the first departure from Niigata Port, the repatriation program entered full swing in the 1960s. From February 5, 1960 onward, each departure—starting with the seventh voyage—transported over 1,000 returnees.

Between May 8 and June 22, 186 detainees from Omura Internment Camp were transferred to Niigata to complete repatriation preparations; of these, 133 ultimately boarded the repatriation vessels.

The Japan-North Korea repatriation agreement originally had a validity of one year and three months, extendable if needed. As expiration approached, Japan's Ministry of Foreign Affairs set a basic policy by August 1960: close the application window at an appropriate time and, if possible, repatriate all applicants by the end of the following year. Under this policy, anyone failing to apply by the deadline would lose protection under the agreement and could only repatriate individually thereafter.

In August 1960, a delegation from the Japan-North Korea Association visited North Korea and received state level honors. In coordination with North Korea's Association for Cultural Relations with Foreign Countries, they issued a joint statement endorsing a straight extension of the agreement's deadline without changing its content. North Korea assured that it was fully prepared to receive returnees and that they were living satisfactorily under the state's warm care.

Chongryon, together with the Japan-North Korea Association and the Council for Repatriation Cooperation, launched a campaign for an unamended extension[1]. They submitted petitions, held protest rallies, organized signature drives for local governments, distributed leaflets, and even staged bicycle parades. On October 15, 1960, they formed the Liaison Council for Realizing an Unmodified Extension of the Repatriation Agreement, stepping up coordinated action.

With the deadline looming, on November 12 the two national Red Cross societies met again—following talks on October 27—and formally agreed to extend the agreement by one year unchanged. They also decided that, from March 1961, each voyage would carry up to 1,200 returnees to accelerate the process.

On December 3-4 of that year, the Japan-North Korea Association held its Sixth National Congress, reaffirming Japan-North Korea friendship and officially opposing the Japan-South Korea talks. Although the Socialist Party and Communist Party in Japan also opposed those talks, they quietly shaped

1 "Unamended extension" was the slogan calling for the existing Japan–North Korea working level agreement governing the repatriation project for Zainichi Joseonin to be extended without any modifications. Around 1960, when the Japanese government began discussing a review or suspension of the project's conditions, the General Association of Korean Residents in Japan, the Japan–North Korea Association, and the Council for Repatriation Cooperation adopted this slogan—"extend the agreement unamended"—and organized petition submissions, public rallies, and signature campaigns.

public opinion to support the repatriation program.

After President Park Chung hee's May 16, 1961 coup in South Korea, the Japanese Socialist Party took an even harder line—refusing dialogue with Park's government, deeming it unrecognized by UN resolutions, and strengthening ties with North Korea.

Against this backdrop, North Korea sought a qualitative shift in the repatriation campaign. It prioritized sending back technicians, skilled workers, and entrepreneurs—talents who could directly aid its economic construction—and from July 1961 Chongryon actively promoted their repatriation. Conversely, individuals deemed potentially problematic—such as Japanese spouses—were gradually excluded from eligibility.

In June 1962, South Korea once more urged Japan to suspend repatriation, citing letters from returnees that described severe hardship and a lack of freedom in North Korea. Seoul warned that the issue could derail the Japan-South Korea talks and asked for careful consideration before extending the agreement. On July 6, Japan's Cabinet decided that, after the November 12, 1962 expiration, returnees would be handled under separate consultations between the two Red Cross societies.

Meanwhile, the Communist Party and Socialist Party in Japan continued their nationwide anti talks campaigns, including protests against Park Chung hee's planned visit to Japan. Despite this, applications surged unexpectedly: over 4,000 in both November and December 1962. Concerned that Chongryon might be submitting false applications, the Japanese government monitored the situation closely.

Finally, on November 8, 1962, the repatriation agreement was extended again without changes. A supplementary accord set a compromise: repatriation voyages would operate once or twice monthly, with approximately 200 returnees per voyage.

2. Japan-North Korea Freedom of Movement Campaign

By the mid 1960s, the repatriation program had begun to lose momentum. The number of returnees declined, and letters and reports from those settled in North Korea began to expose the gap between propaganda and reality within the Zainichi community. In response, Chongryon launched a new slogan and shifted its strategy—one key initiative being the "Japan-North Korea Free Movement Campaign."

Chongryon justified this campaign as a legitimate right to "humanity" and "human rights," sharply criticizing the Japanese government for restricting freedom of movement solely for Korean residents in Japan. North Korea echoed this stance. On July 15, 1963, the North Korean government issued a statement accusing Japan of allowing unfettered travel for all other foreign residents while unjustly discriminating against Zainichi Joseonin, and it strongly demanded implementation of free movement between Japan and North Korea.

On September 6 of that year, to mark the 15th anniversary of its founding, North Korea invited Socialist Party leaders from Japan and representatives of the Japan-North Korea Association to Pyongyang. Then, on October 26, a grassroots group called the "Association for the Protection of Human Rights of Zainichi Joseonin" was formed in Japan, and the December issue of 『Chosun Graphic[2]』 claimed that seventy million Japanese citizens had joined the movement.

On January 29, 1964, Chongryon submitted a petition to the International Committee of the Red Cross, demanding realization of free movement between Japan and North Korea. However, in its reply to the Tokyo office, the ICRC stated that, while it recognized the global importance of freedom of movement, "Chongryon's campaign appears to serve political objectives related to unresolved Japan-South Korea negotiations." The response fell short of Chongryon's expectations.

Undeterred, Chongryon pressed on. On July 22, 1966, the Korean Red Cross officially requested a one year extension of the Repatriation Agree-

2 Chosun Graphic is a monthly magazine published by the General Association of Korean Residents in Japan (Chongryon). It primarily reports on North Korea's political, social, and economic developments. Serving as a vehicle for promoting North Korean government policies, it helped Zainichi Koreans form and strengthen their ties to North Korea. Because much of its content is devoted to North Korean propaganda, the magazine emphasizes the achievements of North Korea's socialist system and features numerous articles on international issues related to North Korea.

Table 3. Number of Zainichi Koreans Repatriated (1959-1984)

Year	Total	Zainichi Koreans	Japanese	Chinese
1959	2942	2717	225	0
1960	49036	45094	3937	5
1961	22081	21027	1773	1
1962	3497	3311	186	0
1963	3393	3194	165	0
1964	1993	1890	99	0
1965	1860	1802	53	0
1966	1831	1723	108	0
1967	0	0	0	0
1968	1316	1280	36	0
1972	1003	981	22	0
1973	704	693	4	0
1974	479	475	2	0
1975	379	375	4	0
1976	256	252	4	0
1977	150	150	0	0
1978	100	100	0	0
1980	38	38	2	0
1981	34	34	4	0
1982	28	26	2	0
1983	0	0	0	0
1984	30	30	0	0
누계	93340			

ment from the Japanese Red Cross Society. The Japanese government then announced that it would extend the agreement for one year—through November 13, 1967—and thereafter allow voluntary individual returns to continue.

By this point, the Japanese government judged that the original goal of mass repatriation had effectively concluded. Returnee numbers had plummeted, and there was no longer any need for large scale logistical arrangements. This policy shift marked a pivotal turning point: the program's focus moved from collective repatriation to facilitating individual returns.

3. The South Korea-Japan Agreement on Legal Status and Its Impact

On June 22, 1965, in Tokyo, Japan and the Republic of Korea signed the Treaty on Basic Relations between Japan and the Republic of Korea, and among its four supplementary agreements was the 『Agreement on the Legal Status and Treatment of Korean Nationals Residing in Japan』. This accord marked an important milestone by providing Korean residents in Japan with, for the first time, a defined legal status and a foundation for stable residency.

Under the terms of the agreement, Zainichi Koreans who acquired Korean nationality and applied for "agreement based permanent residence" were to receive enhanced treatment and protection. The application window was set at five years, and it was estimated that up to 560,000 residents would be eligible. The Japanese government expected approximately 100,000 applications in the first year and some 360,000 in total.

In practice, however, uptake was far lower. By the end of May 1967—one year after the agreement took effect—only about 32,000 people had applied, less than one tenth of the original projection.

The reasons were complex. Chongryon denounced the permanent-residence applications as an act of switching from "Joseon" nationality to "Korean" and mounted a vigorous campaign to block them. In contrast, Mindan and the South Korean government actively encouraged applications, launching a nationwide drive to promote Korean nationality acquisition as a means of securing stable residency.

These conflicting campaigns played out intensely across Japan. As the deadline approached, publicity by the South Korean government and Mindan ramped up, and applications surged. In 1970—the final year of the application period—nearly 200,000 Zainichi Koreans applied, and by the close of the window the total reached 351,755.

This dramatic shift underscores both the depth of identity and nationality debates within the Zainichi community and the gradual erosion of Chongryon's influence over time.

4. Individual Departures After the Expiration of the Repatriation Agreement

On February 29, 1968, the Japanese Red Cross Society officially closed the Repatriation Support Center in Niigata. Then, on March 31, the special delegation dispatched by the International Committee of the Red Cross(ICRC) departed Japan. Thus, the repatriation under the 1959 Repatriation Agreement between the Japanese and North Korean Red Cross Societies effectively came to an end. Over that period, 88,611 returnees reached North Korean soil aboard 155 voyages.

Repatriation did not cease entirely, but shifted from mass transfers to individual departures. On January 17, 1968, two Korean residents in Japan completed formal exit procedures with Japan's Ministry of Justice Immigration Bureau, boarded the Soviet ship Baikal at Yokohama Port, and departed—marking the first such case.

To facilitate this, the Japanese government decided to issue "exit certificates"[3] equivalent to passports, enabling would be returnees to travel to North Korea on their own, outside the original agreement, provided they

3 At the end of the 1950s and into the early 1960s, most Zainichi Koreans heading to North Korea did not possess Japanese passports. This was because they were neither Japanese nationals nor clearly recognized as South Korean citizens, leaving them in a near stateless condition. The Japanese government classified them as "foreigners originating from the Korean Peninsula," and accordingly they were not eligible for official passport issuance.

met the requirements.

At the same time, North Korea prepared various routes for returnees' convenience—regular sailings via the Soviet port of Nahodka or entry on merchant vessels—leading some observers to predict that repatriation could proceed informally, without formal accords.

This transition symbolized a new phase of the repatriation program: no longer large scale transfers under intergovernmental agreement, but individuals choosing their own path to North Korea. However, such departures declined steadily, and the fervor for repatriation gradually cooled.

5. Resumption of Repatriation and Voyages of the Mangyongbong

Even after the Repatriation Agreement had ended, Chongryon did not cease its efforts to restart the Northward Repatriation Program. In particular, in the early 1970s while the Moscow talks were underway, Chongryon repeatedly pressed the Japanese government and the Red Cross to fulfill the repatriation of the "incomplete returnees". Those applicants who had not yet returned were referred to as "incomplete returnees" (未了者), and negotiations for their repatriation were cautiously resumed.

On December 14, 1970, informal technical talks between the Japanese and Korean Red Cross Societies resumed in Moscow, and progress began to be made. North Korea adopted a more flexible stance, and on February 5, 1971, both sides reached two provisional agreements: one on "interim measures for the return of pending returnees" and another recording "procedure guidelines for new return applicants." These accords marked a crucial turning point, effectively relaunching the repatriation program.

Accordingly, from May 14 to October 22, 1971, six voyages operated, carrying a total of 1,081 returnees. Although about 2,578 had registered to return, fewer than half actually embarked—reflecting increased caution among Zainichi Koreans, many of whom had heard firsthand about the challenges faced by those already settled in North Korea.

On May 31, 1971, Kim Il sung personally received the first group of returnees arriving on the inaugural voyage, underscoring the program's importance to North Korea. He ordered the construction of a dedicated repatriation vessel, which became known as the Mangyongbong (万景峰号).[4]

Previously, Soviet ships had served as repatriation vessels, but under Kim Il sung's directive North Korea prepared its own ship to handle returnee transport. Beginning with the 159th voyage on August 20, 1971, the

4 Built in 1971, the Mangyongbong continued to serve as a key vessel for exchanges and material transport between Japan and North Korea—especially between the General Association of Korean Residents in Japan and the North Korean government—even after the repatriation program ended. In 1992, the Mangyongbong 92 was commissioned, primarily plying the route between Niigata Port and Wonsan Port. Following North Korea's missile launches in 2006, the Japanese government imposed a total ban on North Korean ships entering Japanese ports.

'Mangyongbong (万景峰号)' entered service, becoming the enduring symbol of the repatriation program for years to come.

On December 17, 1971, a new repatriation mechanism took effect under "post agreement measures": once a sufficient number of applicants had registered, Japan's Immigration Bureau would forward the list to the Japanese Red Cross Society, which in turn would request ship provision from the Korean Red Cross Society. This shifted the process from collective transfers under a formal agreement to individually arranged departures. Unlike before, the Japanese Red Cross no longer verified applicants' intentions and limited its operational involvement to the bare minimum.

In 1972, Chongryon organized a grand parade in Tokyo to celebrate Kim Il sung(born April 15, 1912)'s sixtieth birthday. Around 20,000 youth and students rode bicycles through the city streets, cheered on by 150,000 community members who lined the route with flags and letters. They collected approximately 6,500 "gifts," which the celebratory delegation delivered to North Korea along with "letters of loyalty," then chose to settle there permanently. About 200 students from Chosen University[5] also opted for collective repatriation.

Also in late April 1972, the Alliance of Korean Educators in Japan (在日本

---

5 In 1956, the General Association of Korean Residents in Japan established Chosŏn University in Fuchu, Tokyo, to educate second and third generation Zainichi Koreans. Its curriculum incorporates North Korea's political system and ideology, but it is not accredited as a university by the Japanese government. Most of its students hold either "Chosŏn" nationality or are effectively stateless.

朝鮮人教職員同盟), a Chongryon affiliated teachers' organization, was invited to an international educators' conference in Budapest. They petitioned the Japanese government for re entry permission and, after persistent requests, secured partial recognition of their right to travel via third countries.

Despite these initiatives, mass repatriation did not materialize to the extent Chongryon had hoped. Disillusioned by Kim Il sung's Monolithic Ideological System[6], Kim Jong il's rise as heir apparent, and expanded internal surveillance, many Zainichi Koreans began to leave Chongryon. Moreover, South Korea's rapid economic growth and rising international standing made it increasingly attractive relative to North Korea.

Beginning August 12, 1972, a new "short term homeland visit" scheme was introduced. The Japanese government officially allowed 3,249 Korean residents in Japan to visit North Korea—for ancestral grave visits or family reunions—through 1980, thus opening limited travel channels even without full repatriation.

6 Kim Il sung's Monolithic Ideological System is North Korea's political governance framework that absolutizes his thoughts and authority, unifying all aspects of state operation under his singular ideological leadership.

6. Issues and Controversies Concerning Japanese Spouses

During the late 1950s and early 1960s northward repatriation program, a notable number of Japanese wives accompanied their Zainichi Korean husbands to North Korea. According to Japanese government figures, of the roughly 68,000 total returnees, about 1,831 were Japanese wives. Most had married Chongryon-affiliated Zainichi Koreans and followed their husbands and children to an unfamiliar land.

However, many of these wives fell silent after repatriation. With no letters or calls reaching home, their families sank into deep anxiety and longing.

In spring 1974, this plight came to public attention via a newspaper notice. After a personal opinion advertisement appeared in a national paper, some families of Japanese wives began contacting one another, and on April 7 the "Association for Realizing Free Movement of Japanese Wives" (日本人妻自由往来実現運動の会) was formed.

Then on April 30, the group held its first national convention in Tokyo, where participants passionately appealed for the Japanese wives' return home and for freedom of movement. Families involved not only shared their personal struggles but also drew attention to the common issues of "loss of contact" and "disappearance" faced by most Japanese wives in North Korea.

Unlike many Zainichi Koreans who found it difficult to protest directly against Chongryon, the "Association for Free Movement of Japanese Wives" took a proactive stance—holding rallies across Osaka, Niigata, Nagoya, Fukuoka, and other cities, and submitting petitions to the Japanese Red Cross Society, the Ministry of Foreign Affairs, Diet members, and even Chongryon's central and regional offices.

On May 24, 1974, Japan's Diet Foreign Affairs Committee saw Socialist Party member Eiichi Nagasue (永末英一) question government officials, insisting they had a duty to protect Japanese nationals and demanding freedom of movement for Japanese wives. From that summer, the "Association for Free Movement" joined forces with the newly formed "National Salvation League" to publicize the issue internationally—including to the United Nations, the ICRC, and the United States.

On October 23 of the same year, the Ministry of Foreign Affairs convened a "Working Group on the Japanese Wives Issue" from a humanitarian perspective. Participants included the Ministry of Foreign Affairs, the Ministry of Justice, the Ministry of Health and Welfare, the Japanese Red Cross Society, the Public Security Intelligence Agency[7], and the Cabinet Intelligence Office[8]. They discussed repatriation procedures, sending fact finding teams,

7 Public Security Intelligence Agency (公安調査庁):
A domestic and foreign intelligence arm under the Ministry of Justice, responsible for monitoring communist activities and extremist groups to maintain public order.

8 Cabinet Intelligence Office (内閣調査室):
An intelligence agency attached to the Cabinet, tasked with collecting and analyzing information on

and government level response strategies.

Shortly thereafter, on November 14, the Ministry of Foreign Affairs held a Deputy Ministerial meeting, during which they reviewed the situation of Japanese wives and secured agreement that the issue should be approached as a humanitarian matter.

The campaign by Japanese wives' families even crossed borders. On October 18, 1976, thirty six family representatives visited South Korea, toured the Joint Security Area at Panmunjom, and held lectures nationwide. The Japanese government, however, responded cautiously—then Ambassador to South Korea Nishiyama (西山) warned Korean officials that the visit might prompt North Korean retaliation and cautioned that the Japanese wives could even be detained in "forced camps."

Through the Japanese Red Cross Society, the Ministry of Foreign Affairs repeatedly requested welfare checks via the North Korean Red Cross Society, but received no replies during the 1970s. Chongryon expressed strong hostility to the movement, denouncing the letters released by families as 'forged documents,' and participants faced harassment and slander.

A turning point came in 1980. Through the Japan-North Korea Diet Members' League (日朝議連), the Japanese government requested North Korea to show "favorable consideration" for welfare checks and repatriation

key political, economic, and security issues—domestic and abroad—and reporting directly to the Prime Minister and Cabinet.

of Japanese wives. In September, when a delegation of LDP Diet members raised the issue with Kim Il sung, he accepted it as a humanitarian matter and agreed to cooperate, instructing that specific measures be coordinated with the Association for Cultural Relations with Foreign Countries[9].

From that point, North Korea began invoking reciprocity: it indicated that if Japan permitted high level North Korean officials to enter for political exchanges, the Japanese wives' situation would likewise be favorably addressed.

On September 24, 1981, the Japanese Red Cross Society handed a list of nine Japanese wives to a North Korean Red Cross delegate aboard a repatriation vessel and requested welfare checks. Then on October 1, 1982, the North Korean Red Cross Society responded with the first official welfare report on those nine—a landmark first.

Thereafter, North Korea began expressing positive willingness—via the Japanese Red Cross Society—to cooperate in welfare checks and possible family reunions. What had been a purely diplomatic struggle gradually evolved into tangible humanitarian progress and recognition of familial rights.

---

9 North Korean Association for Cultural Relations with Foreign Countries :
An organization in charge of North Korea's cultural diplomacy and friendship activities, including hosting foreign guests, exchanges with international friendship groups, and promoting North Korean culture to enhance its external image.

7. End of the Mass Return (Northward Repatriation)

As the 1980s began, the repatriation program was slowly drawing to its close. In 1980, the number of people returning to North Korea fell for the first time into double digits—just 40—and in 1983 there were no returnees at all. The following year, on July 25, 1984, thirty people returned, but this became the last case of group repatriation.

The sharp decline in the number of returnees was more than a mere change in figures. It signified that the program was ending both practically and symbolically. North Korea—once hailed as the 'Earthly Paradise'—was no longer an attractive 'homeland' for Zainichi Koreans.

The realities of North Korean society had already reached the Zainichi community through many channels. In addition to letters sent by returnees, vivid testimonies came from those who made 'short-term visits to the homeland' in August 1979. They witnessed firsthand that actual living conditions in North Korea differed greatly from what Chongryon or the North Korean authorities had been propagandizing.

Meanwhile, beginning in the 1970s, North Korean authorities themselves—through their own vessels, including the Mangyongbong, and numerous merchant ships—made travel between Japan and North Korea increasingly frequent, gradually reducing the need for a large-scale repatriation program. The Japanese government also relaxed immigration controls, and 'short-term visits to the homeland' by Korean residents in Japan—visiting North Korea and then returning to Japan—became routine.

Furthermore, many of the Zainichi Koreans who chose to repatriate to North Korea had originally come from South Korea rather than the North. For them, North Korea was more of an 'ideological destination' than a true 'homeland,' and the transformations in South Korean society became a crucial turning point that upended the value of returning.

Throughout the 1960s and 1970s, South Korea achieved remarkable economic growth. Riding the wave of industrialization known as the 'Miracle on the Han River,' it gradually established itself on the world stage and, in 1988, hosted the Seoul Olympics, drawing global attention.

Around that time, many Zainichi Koreans visited South Korea and witnessed these changes in their native land firsthand. As a result, returning to North Korea ceased to be an object of admiration and became something to be avoided, and the influence of Chongryon within the community steadily waned.

In this way, the era of group repatriation quietly came to an end—beyond political strategies and ideological slogans, it concluded through the lived experiences, choices, and voices of the people themselves. Since the first repatriation vessel set sail from Niigata Port in the winter of 1959, the program had continued for twenty-five years; it now remains as a chapter in history.

Chapter 8

The Japanese Spouse Issue and Zainichi Korean Defectors[1]

Since the late 1980s, voices praising the repatriation program gradually disappeared, while testimonies and publications aiming to shed light on its realities and problems began to multiply. Even within Chongryon, skeptical voices regarding the repatriation program grew louder, and this criticism became a catalyst for exposing North Korea's true situation to the outside.

In particular, between 1997 and 2000, Japanese wives residing in North Korea made temporary visits to Japan, sparking renewed interest in the repatriation program within Japanese society. Through the mediation of the Japanese Red Cross Society, they were able to reunite with their families in Japan, and this reunion once again brought the repatriates' realities and their families' suffering into the spotlight.

Furthermore, since the mid-1990s—amid food shortages and the collapse of the regime in North Korea—some repatriates attempted to defect. Those Zainichi Koreans who returned after defecting have faced a range of social and psychological hardships. Language and cultural barriers, economic hardship, and anxiety over family members left behind in North Korea remain unresolved challenges in their lives.

1 In Japan, they are called Defector Returnees (脱北帰国者), but since the term "returnees" can be confused with participants in the repatriation program, we will refer to them as Zainichi Korean Defectors.

1. The Homecoming Program for Japanese Spouses and Its Limitations

In 1984, with the 187th repatriation ship, the repatriation program officially came to an end. No further group repatriations to North Korea took place thereafter, and scholarly works that had positively evaluated the program gradually disappeared. Apart from publications affiliated with Chongryon, most writings and testimonies increasingly adopted critical perspectives.

Amid these shifts, Jang Myung-su (張明秀), a former Chongryon cadre deeply involved in the repatriation movement, published What Was the Repatriation Movement? in 1989 and Betrayed Paradise in 1991, raising fundamental questions about the program's reality. These works were among the first critical accounts from within the movement and served as a catalyst for subsequent testimonies and critiques.

The issue also began to surface in Japanese political circles. On January 5, 1987, Diet member Endo Kazuyoshi (遠藤和良) submitted a formal inquiry to the Japanese government regarding the issue of "Japanese wives." He asked why the repatriated Japanese women could not return to Japan and whether they could reunite with or visit their families. The government replied that "the Japanese Red Cross Society holds part of the registry, but it is incomplete and inaccurate, and for reasons such as personal data protection, it cannot be disclosed." It added that, although it had made multiple requests to North Korea for status confirmations and reunions, only limited responses had been received, and that without formal diplomatic relations, more proactive measures were difficult.

On November 16, 1988, the cross-party League of Diet Members for the Promotion of Free Movement of Japanese Wives was formed. This league began activities to facilitate the unrestricted travel of Japanese wives in North Korea and soon spurred discussions at the parliamentary level.

On September 28, 1990, the Liberal Democratic Party[2], the Japan Socialist Party[3], and the Workers' Party of Korea issued a joint declaration to actively pursue normalization of diplomatic relations, and bilateral talks resumed. In the diplomatic normalization negotiations that began in January 1991, the homecoming of Japanese wives was addressed as a major agenda item.

In November of that year, North Korea responded to Japan's request for status updates on twenty Japanese wives, reporting that six were alive, five had died, and for one there was no applicable record.

However, on November 5, 1992, negotiations between Japan and North

2 The Liberal Democratic Party (自由民主党) is a conservative party in Japan formed in 1955 through a merger of conservative parties, and it is the largest party in Japan, governing for most of the postwar period.

3 The Japan Socialist Party (日本社会党) was a leading left-wing party in Japan, established in 1945, advocating the protection of the pacifist constitution and antiwar and antinuclear policies; it was succeeded by the Social Democratic Party in 1996.

Korea were completely suspended due to the issue of abductee Tanaka Yaeko (田中八重子). For the next seven and a half years, no talks were held, and during that period North Korea's nuclear development program and the death of Kim Il-sung on July 8, 1994, further complicated diplomatic dialogue.

Meanwhile, Japanese civil society continued efforts to protect the human rights of repatriates' families. On June 3, 1993, in Osaka, RENK (Kuhara! Network for the People/Emergency Action Network for North Korea) was established, and on November 7 of the same year, approximately 200 people gathered in Tokyo for the "Testimony Rally of Families of North Korean Returnees." On February 20, 1994, in Tokyo, the "Association to Protect the Lives and Human Rights of North Korean Returnees" was founded, and later that year in Aichi Prefecture (愛知県), the "Aichi Association to Support Returnees and Their Families" was formed, creating a nationwide support network.

This momentum even influenced North Korea. In May 1997, during unofficial consultations between the foreign ministries of Japan and North Korea, Pyongyang expressed its intention to permit the temporary homecoming of Japanese wives. Then, on August 22 of the same year, at a director-level meeting of the foreign ministries in Beijing, both sides agreed on measures for the Japanese wives' homecoming and the resumption of normalization talks.

As a result, between 1997 and 2000, in three rounds, Japanese wives residing in North Korea were able to visit Japan under a temporary homecoming program mediated by the Japanese Red Cross Society. A total of 43 women returned and experienced emotional reunions with their families in Japan. These long-awaited reunions resonated deeply in Japanese society and rekindled public interest in the repatriation program that had long been forgotten.

However, following Prime Minister Junichiro Koizumi's (小泉純一郎) visit to Pyongyang in September 2002, hopes for the Japanese wives' return were dashed. North Korea refused permission, the Japanese government's responses remained limited, and international attention waned. Consequently, the homecoming program was halted, as Japan's top priority became resolving the abduction issue. During his summit with Kim Jong-il, Koizumi secured an official apology for the abductions and arranged for the return of five surviving abductees to Japan.

Koizumi had initially intended to address not only the abductees but also the homecoming of Japanese wives and their families. However, public opinion in Japan focused overwhelmingly on the abductee issue, and North Korea showed little willingness to discuss any other matters. As a result, the wives' homecoming was deprioritized and relegated to future talks, and with bilateral relations deteriorating, no further returns have taken place.

Today, documentaries and academic studies highlighting the plight of the Japanese wives continue to be released in Japan. While these endeavors help maintain public awareness of their situation, there has been no tangible progress toward realizing their actual homecoming.

2. The Realities and Challenges of Zainichi Korean Defectors Returning from North Korea

North Korea's political and economic environment was far from easy for the repatriates. At first, they were filled with anticipation and emotion at "returning to the homeland," but reality proved entirely different. In particular, surveillance within the North Korean system, language barriers, and economic hardship became severe trials for many repatriates, and some could not endure these conditions and decided to defect.

As early as the 1960s, returnees had already attempted to escape. A representative case is Kim Haeng-il (金幸一)[4], who in November 1962 crossed the 38th Parallel on foot and succeeded in defecting to South Korea. Then, at the end of July 1963, Kim Jong-guk (金鍾国) stowed away aboard a Japanese vessel anchored in Chongjin Port and reached Shimonoseki Port in August,

4 Kim Haeng-il (金幸一) was repatriated to North Korea in 1961 and defected to South Korea in 1962. As a second-generation Korean resident in Japan, he later filed a damages lawsuit against the Chongryon, exposing the true circumstances of the repatriation program.

becoming one of the rare defector Korean Residents in Japan who directly obtained asylum in Japan.

However, such successes were exceptionally rare. Most defectors were arrested or executed en route, and in many instances, entire families of repatriates became targets of surveillance. According to Kim Haeng-il's testimony, similar attempts occurred at Chongjin and Unggi Ports, but almost all ended in failure.

In 1966, boxer Kim Gui-ha (金貴河), who had represented North Korea at the Asian Emerging Games held in Phnom Penh, Cambodia, requested asylum in South Korea. The South Korean government asked the Japanese Embassy to offer him protection, but Japan refused, and Kim was ultimately handed over to Cambodian authorities and repatriated to North Korea.

These defection cases arose under highly exceptional circumstances, and until the mid-1990s, defection by Korean Residents in Japan who had returned to North Korea was virtually unheard of.

However, since the mid-1990s, North Korea entered a severe crisis—the famine and systemic collapse known as the "Arduous March." After this period, cases of former repatriates escaping to South Korea or Japan began to emerge in earnest. Their choices were no longer driven by ideology but by a desperate need to survive and provide for their children and families.

Since 1996, not only the original repatriates but also their Japanese spouses and subsequent second- and third-generation descendants have secretly returned to Japan. In this way, repatriation has shifted from the past notion of "returning home" to a new meaning of "coming back."

Against this backdrop, the Japanese government began implementing concrete measures. In 2010, it adopted a policy allowing "protected entry" for up to fourth-degree relatives[5] of those who had returned to North Korea, and in some cases this facilitated their return. This reflected how a government and society once deeply involved in the repatriation program were gradually devising practical support measures in response to changing realities.

Meanwhile, on September 17, 2002, Prime Minister Junichiro Koizumi visited North Korea for a summit with Kim Jong-il, during which Kim issued an official apology for the abduction incidents. The so-called Japan-North Korea Pyongyang Declaration was announced, and the five surviving abductees returned to Japan with their families. However, the revelation that "eight [victims] had died," as reported by North Korea, shocked the Japanese public, and the government thereafter made resolution of the abduction issue its top priority in negotiations with North Korea. As a result, efforts to normalize diplomatic relations were suspended once again, and the situation of Defector Korean Residents in Japan remained stalled within that framework.

As of 2019, it is known that approximately 200 Defector Korean Resi-

5 Ko Yong-hui, the biological mother of Kim Jong-un, is known to have been a repatriated Korean resident in Japan.

dents in Japan have settled in the country. They nonetheless continue to face language barriers and employment difficulties, and above all live in constant worry and fear for family members left behind in North Korea. Many hesitate even to disclose their defector status, and their existence has yet to receive sufficient attention within Japanese society. Despite these hardships, some continue their lives in Japan and participate in activities to raise awareness of the realities in North Korea.

Conclusion

I decided to write this book in June of last year. As the 65th anniversary of the repatriation project approached, I felt compelled to gather the scattered materials and weave them into a single volume. During July and August, I collected sources and sketched out the table of contents, and in September I began writing in earnest.

Although the actual writing period was short, the challenges and lessons I encountered were anything but light. The hardest part was recognizing my own lack of deep expertise on this topic. It took me a long time to understand and organize the various sources, and I spent many hours debating which subjects to tackle first.

Moreover, physical distance and limited access meant there were documents I couldn't verify, and some materials were simply too difficult to obtain, forcing me to abandon them. I regret that certain aspects were inevitably left unexplored.

I was eager to dig deeper, but time constraints prevented me from covering everything as fully as I'd have liked. At first, I focused on listing and organizing events, but as I wrote, I realized that deciding what to emphasize and from which perspective to view these events was even more important.

Above all, simplifying the writing style proved more difficult than I anticipated. My initial drafts felt dense and overly formal, so rewriting them into clear, accessible prose took considerable effort. After all, I wanted this to be a book anyone could read—not an academic treatise.

If this book manages to bring to light stories that have long gone unnoticed and to spark fresh questions or new perspectives among readers, then it will have achieved a meaningful beginning. Through this work, I've been reminded that history is not just a record of the past but also a key to understanding the present. In the future, I plan to explore more deeply the stories I couldn't include here.

I hope this book will serve as a small yet significant first step, leading to further research and reflection on the repatriation project.

References

金英達·高柳(1996)『北朝鮮帰国事業関係資料集』新幹社

木村健二(1989)『在朝日本人の社会史』未来社

東定宣昌(1994)「明治期′日本における最初の朝鮮人労働者－佐賀県長者炭坑の炭坑夫—」『「韓国併合」前の在日朝鮮人』明石書店

森田芳夫(1996)『数字が語る在日韓国·朝鮮人の歴史』明石書店

金英達(2003)『金英達著作集Ⅱ　朝鮮人強制連行の研究』明石書店

外村大(2004)『在日朝鮮人社会の歴史学的研究—形成·構造·変容』緑蔭書房

在日本大韓民国青年会(1988)『아버지聞かせてあの日のことを—"我々の歴史を取り戻す運動"報告書』

終戦連絡中央事務局『GHQへの日本政府対応文書総集成：外務省記録「連合軍司令部往信綴」1』東京エムティ出版

森田芳夫(1955)『在日朝鮮人処遇の推移と現状－法務研究報告書第四三集　第三號』法務研修所

厚生省援護局編集(1978)『引き上げと援護30年の歩み』厚生省

金太基(1997)『戦後日本政治と在日朝鮮人問題　SCAPの対在日朝鮮人政策1945~1952』勁草書房

歴史学研究会編(1990)『日本同時代史1　敗戦と占領』青木書店

金賛汀(2004)『朝鮮総連』新潮社

朴慶植(1989)『解放後在日朝鮮人運動史』三一書房

外務省政務局特別資料課(1978)『在日朝鮮人管理重要文書集』湖北社

引揚援護庁(2000)『引揚援護の記録』クレス出版

終戦連絡中央事務局管理部(1991)『日本占領·外交関係資料集－終戦連絡中央事務局·連絡調整中央事務局資料－第4巻』柏書房

金三洙(1993)『韓国資本主義国家の成立過程1945~1953年　政治体制·労働運動·労働政策』東京大学出版会

朴正鎮(2012)『日朝冷戦構造の誕生　1945~1965　封印された外交史』平凡社

梁永厚(1994)『戦後·大阪の朝鮮人運動－1945~1965(朝鮮近代史研究双書13)』

未来社
菊池喜晃(2020)『北朝鮮帰国事業の研究－冷戦下の「移民帰還」と日朝・日韓関係』知泉書館
大沼保昭(1993)『単一民族社会の神話を超えて 在日韓国·朝鮮人と出入国管理体制』東信堂
金東祚(1993)(林健彦訳)『韓日の和解 日韓交流 14年の記録』サイマル出版会
矢次一夫(1973)『わが浪人外交を語る』東洋経済新報社
李瑜煥(1971)『在日韓国人60万－民団·朝総連の分裂史と動向』洋々社
民団70年史編纂委員会(2017)『民団70年史』在日本大韓民国民団
小此木政夫·磯崎敦仁(2009)『北朝鮮人と人間の安全保障』慶應義塾大学出版会
林典子(2019)『フォト·ドキュメンタリー朝鮮に渡った「日本人妻」―60年の記憶』岩波書店
張明秀(1989)「帰国運動は何だったのか」『民涛』9号
韓徳銖(1986)『主体的海外僑胞の思想と実践』未来社
坪井豊吉(1989)『在日同胞の動き―在日韓国人(朝鮮)関係資料－』自由生活社
『朝日新聞』1955年~1959年 関連記事
『読売新聞』1997年 関連記事
『産経新聞』1959年 関連記事
『解放新聞』1955年3月~1959年 関連記事
『日本経済新聞』1959年 関連記事
衆議院正式サイト
「朝鮮民主主義人民共和国(北朝鮮)帰還の日本人妻に関する質問主意書」1987年1月5日
「朝鮮民主主義人民共和国(北朝鮮)帰還の日本人妻に関する質問に対する答弁書」1987年1月13日

Why Did They Go North?

The Hidden Story of Zainichi Koreans' Repatriation to North Korea

1st printing December 14, 2025

Author Sujeong Baek
Translator Dayeon Yang
Reviewer Sungjin Park
Publisher Choongseo Goo
Designer Jeongmi Park
Marketer Yona Kim

Publishing Mulmangcho Books
Registered in the Republic of Korea #2013-000195
Floor 2, Dongyeon Building, Beodunaru-ro 32, Yeongdungpo-ku, Seoul, South Korea
Telephone +82 (02)585-9963
E-mail mulmangcho522@hanmail.net
Homepage www.mulmangcho.org

ISBN 979-11-87726-30-2 03910